SENTAR TIPO BUDA

SENTAR TIPO BUDA

UM GUIA PRÁTICO DE MEDITAÇÃO

Lodro Rinzler
Autor de "Budismo na mesa do bar" e
"Guia do coração partido: conselhos
budistas para as dores do amor"

Tradução: Gabriel Falcão

© 2014 Paul Rinzler
Todos os direitos desta edição são reservados.
© 2020 Editora Lúcida Letra
Título original: *Sit Like a Buddha: A Pocket Guide to Meditation*
(publicado por Shambhala Publications)

Coordenação editorial: Vítor Barreto
Tradução: Gabriel Falcão
Revisão: Dirlene Martins, Madson Moraes
Projeto gráfico e ilustrações: Mariana Erthal (www.eehdesign.com)

1ª edição, 12/2020

Dados Internacionais de Catalogação na Publicação (CIP)

R584s	Rinzler, Lodro.
	    Sentar tipo Buda : um guia prático de meditação / Lodro Rinzler; tradução: Gabriel Falcão. – Teresópolis, RJ : Lúcida Letra, 2020.
	    144 p. ; 18 cm.
	
	Inclui bibliografia.
	ISBN 978-65-86133-16-5
	
	    1. Meditação - Budismo. I. Falcão, Gabriel. II. Título.
	
	                                                      CDU 294.3

Índice para catálogo sistemático:
1. Meditação : Budismo   294.3
(Bibliotecária responsável: Sabrina Leal Araujo – CRB 8/10213)

Para o Milo, que é pequeno.
Que isso possa te beneficiar
quando você for maior.

SUMÁRIO

Introdução 11

1º passo: Saiba o seu "porquê" 15

2º passo: Aprenda a técnica da meditação 27

3º passo: Use a dupla dinâmica do jogo 39

4º passo: Seja consistente 49

5º passo: Seja gentil 63

6º passo: Supere os três obstáculos principais 73

7º passo: Trabalhe com as suas emoções 85

8º passo: Descubra a paz 97

9º passo: Vire uma pessoa dhármica 107

10º passo: Relaxe 127

Recursos 138

INTRODUÇÃO

Eu fui criado budista. Comecei a praticar o budismo quando era muito novo, e aos dezoito anos já estava ensinando. Mas não foi o budismo que me transformou em quem eu sou – foi a meditação. A prática da meditação me acalmava quando eu ficava ansioso, me abria quando eu construía muros ao redor do meu coração e permitia que eu estivesse mais presente com todos os aspectos da minha vida – tanto os prazerosos quanto os dolorosos. Todo contentamento que eu encontrei nesta existência eu devo à meditação. Tendo dito isso, me sinto honrado em poder te oferecer este livro, que te ajudará a engatar em uma prática de meditação.

Quando eu tinha dezoito anos, entrei como calouro na Universidade Wesleyan e imediatamente comecei a procurar um grupo de meditação. Coloquei cartazes por todo lado e, na primeira reunião, um número razoável de pessoas apareceu. Só tinha um problema: nenhuma delas sabia meditar – no campus da faculdade não havia muitos recursos sobre meditação. Quando mencionei isso para um dos meus mentores, ele comentou que eu já tinha participado de vários retiros que eram pré-requisitos do treinamento para instrutores de meditação. Então ele me perguntou: "Por que você não faz?". Bom, alguns meses depois, lá estava eu – devidamente treinado e tentando, pela primeira vez, ensinar meditação a outras pessoas. Um desastre.

Eu quero acreditar que, ao longo desses mais de doze anos ensinando meditação, melhorei nisso. Ainda que as palavras que eu use não tenham mudado muito, a minha compreensão de várias delas mudou. Depois do lançamento do meu primeiro livro, *Budismo na mesa do bar*, comecei a viajar bastante e a ensinar meditação para novos praticantes por todo o país. Esses encontros com milhares de pessoas, ao longo dos últimos anos, ajudaram a me moldar e permitiram que eu melhorasse meu entendimento sobre o que a gente quer dizer quando fala de meditação.

Nunca me sentei para tentar escrever um livro inteiro só sobre meditação. Embora eu já tenha apresentado esses mesmos ensinamentos ao vivo, o meu medo é que a experiência da meditação e a forma como ela mudou a minha vida não façam tanto sentido ao serem colocadas no papel. Espero que este livro te ajude e que você consiga estabelecer uma prática de meditação. Se não funcionar (ou, até mesmo, se funcionar), me conte! Engatar na prática de meditação é uma jornada longa, e eu estou aqui para te ajudar como puder. Você pode me encontrar facilmente por e-mail, no Facebook, no Twitter e no YouTube (onde eu sempre posto vídeos sobre meditação).

Tenho conseguido manter uma prática de meditação estável e firme já há algum tempo – e isso gerou transformações milagrosas em mim. Mesmo hoje em dia, tanto tempo depois, minha prática é o que permite que eu esteja mais presente e tenha mais compaixão. Acredito que, se você seguir as sugestões deste livro, também conseguirá estabelecer uma prática de meditação e verá, com seus próprios olhos, os resultados dessa experiência transformadora. Isto aqui é uma espécie de experimento, porque este livro precisa que você realmente faça as práticas apresentadas nas próximas páginas. Dê uma chance para a meditação e me acompanhe neste experimento! Não esqueça: eu estou aqui com você, a gente vai fazer isso juntos.

Lodro Rinzler
Brooklyn, NY

1º PASSO:
SAIBA O SEU "PORQUÊ"

Sempre que alguém me diz que está querendo meditar eu pergunto: "Por quê?". Às vezes a pessoa fica surpresa – talvez ela achasse que eu ficaria simplesmente em êxtase ao descobrir que ela está minimamente interessada no assunto. (Na maioria dos casos, eu realmente fico. Aí eu faço minha incrível cara de jogador de pôquer.) Mas o que eu descobri é que, se a pessoa não tiver clareza sobre o motivo de querer meditar, ela vai descobrir muito rapidamente que a meditação não é algo necessariamente fácil e, logo, logo, se sentirá desencorajada e pode acabar não indo mais fundo.

Então, quando eu ensino meditação, seja em uma aula ou

em um evento aberto de um centro de meditação, sempre começo com esta pergunta: "Por que você quer meditar?". No ano passado eu fui a Washington e fiquei muito feliz (e um pouco surpreso) com a quantidade de gente que foi me ouvir numa quinta-feira à noite. "Qual é a sua motivação para vir aqui, em um centro de meditação, numa quinta à noite?", eu perguntei. "Citando Jay-Z: você poderia estar em qualquer lugar do mundo agora, mas está aqui comigo. Hoje provavelmente está saindo um episódio incrível da sua série favorita... Alguém quer compartilhar sua intenção?". Um rapaz levantou a mão. Ele devia ter uns vinte e poucos anos. Alguém levou um microfone até ele. "Bom...", ele disse, "meditação parece ser maneiro, então eu pensei em tentar. Ah, e eu posso assistir ao episódio depois."

Conto essa história porque por trás dela há uma boa notícia: de acordo com a minha experiência em perguntar às pessoas o motivo do interesse delas em meditação, não existe resposta errada – mesmo que a resposta seja: "Vou adiar em uma hora minha rotina televisiva de quinta à noite porque estou curioso".

Admito que essa resposta, particularmente, é bem rara. O que eu costumo ouvir é que a pessoa quer ficar menos estressada, viver mais o momento presente ou lidar melhor com as próprias emoções. Então, a outra boa notícia é que a meditação ajuda com tudo isso. Você só precisa ter persistência. Para te ajudar a persistir, criei dez passos que, se você seguir de maneira mais ou menos regular, te ajudarão a ter uma prática de meditação estável, que você pode fazer em casa. No final deste livro, você não só vai sentir confiança em relação ao seu conhecimento sobre como meditar, como terá tornado a meditação parte do seu dia a dia.

O 1º passo é saber o seu porquê, sua intenção – e a gente vai voltar a falar disso em um minuto. O 2º passo é aprender uma técnica de meditação. O 3º passo é treinar as duas ferramentas necessárias para uma prática de meditação firme: a atenção plena e a consciência. O 4º passo é aprender a ser consistente. O 5º passo é entender de forma mais profunda o que é gentileza. O 6º passo é aprender a lidar com os obstáculos que surgem na meditação. O 7º passo é descobrir como fazer para evitar ser fisgado pelas emoções. O 8º passo é se conectar com o seu estado natural de paz. O 9º passo é se tornar um(a) praticante dhármico(a) – ou seja, autêntico ou autêntica. O 10º e último passo é aprender a repousar no momento presente mesmo quando você não estiver na almofada de meditação.

Eu acredito, de verdade, que, se seguir esses dez passos, você não só vai ter começado uma prática meditativa, mas também perceberá como ela te afeta de formas muito positivas. Mas, para começar, a gente não pode evitar a pergunta incômoda: "Antes de mais nada, por que começar?".

EXERCÍCIO PARA CHEGAR AO "PORQUÊ"

No próximo capítulo, a gente vai falar sobre a postura formal da meditação. Mas, antes disso, uma preparação: sente-se de forma ereta e direcione a atenção para o seu corpo por um minuto. Escaneie o seu corpo, começando com os pés e chegando até o crânio. Se você perceber que algum ponto específico está tenso, leve uma sensação de relaxamento para esse ponto. Quando você estiver sentindo um certo enraizamento, faça algumas respirações profundas. Relaxe.

Agora leve sua atenção toda para esta simples pergunta: "Qual é minha motivação para querer meditar?". Simplesmente perceba quais respostas surgem. O objetivo dessa contemplação não é caçar uma resposta e tentar determinar se ela é lógica ou não. Permita que qualquer coisa que surja passeie pela sua mente, desapareça ou retorne. Sua tarefa principal é simplesmente ficar voltando à pergunta. Não se culpe caso você se distraia e comece a pensar no que vai comer no almoço – apenas pergunte, de novo: "Qual é minha motivação para querer meditar?".

Veja se você consegue manter a sua mente nessa pergunta

por três minutos. Se você quiser, pode colocar um alarme. Quando esse tempo acabar, abandone totalmente a pergunta e faça mais algumas respirações profundas. Agora, enquanto você volta desse momento de contemplação, eu preciso te perguntar: alguma das respostas pareceu autêntica? Alguma ficou voltando várias vezes seguidas? Será que agora você sabe aquilo que vai te dar forças no caminho da meditação: o seu "porquê"?

VOCÊ SEMPRE TEM UMA INTENÇÃO

Eu estou torrando a sua paciência, especificamente com essa pergunta, por um motivo: você já vive a sua vida com intenção, mesmo que não saiba. Para deixar isso claro, preciso fazer uma distinção: existe uma diferença entre uma intenção consciente e uma intenção inconsciente. Uma intenção consciente é quando você é capaz de se sintonizar com a sua vida e ter autoconsciência o suficiente para explicar a lógica por trás das suas ações. Nesse caso, se alguém te pega passando muito tempo no Instagram e pergunta o que você está fazendo, você tem uma resposta, em vez de simplesmente dizer: "Sei lá. Tédio?". Já uma intenção inconsciente é exatamente esse tipo de resposta – é quando você permite que os seus impulsos e padrões habituais joguem sua atenção de uma atividade para a outra, sem pensar muito sobre isso.

Vamos pegar um exemplo bem comum, para fazer essa distinção entre uma intenção consciente e uma intenção inconsciente. Num sábado à noite, você sai com seus amigos ou amigas. Você sabe que vocês vão beber e provavelmente dançar – talvez até mesmo falar com pessoas do gênero da sua preferência e, quem sabe, até "ficar com alguém" ou alguma coisa assim. Isso é maneiro. Sério. Eu superapoio. "Ficar" é legal. Desde que, depois de ter refletido pelo menos um pouco, você tenha a intenção consciente de fazer essas coisas. Isso significa que você tem a intenção consciente de fazer o que você vai fazer no sábado à noite – seja o que for.

Normalmente, a gente sai com amigos e amigas, começa um relacionamento novo ou pula de um emprego para o outro sem ter uma noção clara das nossas motivações. A gente nunca faz uma pausa para tentar criar uma intenção consciente e, por conta disso, as coisas costumam ficar complicadas depois.

Voltando ao nosso exemplo: talvez você tenha tido uma semana difícil e saia direto do trabalho. Você sente que não tem tempo para parar, refletir e tentar viver com uma intenção consciente. Então você bebe um pouco além da conta, para tentar esquecer os babacas que trabalham com você. Como bebeu demais, você acaba tropeçando enquanto dança, pagando o maior mico no meio de pessoas que você gostaria de beijar. Então, depois, você continua bebendo, para não ter de lidar com essas emoções fortes, tipo agressividade e vergonha. Por último, no final da noite você acaba vomitando essas emoções junto com o seu gim-tônica. Aliás, bela escolha de bebida.

Vamos voltar um pouquinho no tempo e imaginar essa mesma situação, só que com uma intenção consciente. Você sai do trabalho, mas decide dar uma respirada antes. Você dá uma caminhada, senta no banco de um parque ou passa em casa para tomar um banho. Você aproveita esse tempo para refletir sobre o seu dia, para permitir que exista uma transição do trabalho para o lazer, e, depois, se faz a seguinte pergunta: "Qual é minha intenção para hoje à noite?". Depois de alguns minutos trazendo sua mente de volta a essa pergunta (mesmo que isso seja no meio do supermercado ou durante uma caminhada), você percebe que tudo o que quer é encontrar com esses amigos e amigas que você não vê tanto. Então, você sai e, em vez de se embebedar, toma alguns drinques com as pessoas, relaxa e se reconecta. Você pode dançar e conhecer pessoas novas ou não, mas tudo bem – porque você está vivendo de acordo com a sua intenção consciente.

Essa foi uma resposta absurdamente longa para explicar por que eu estou te importunando com essa história de encontrar sua motivação pessoal para a prática da meditação. É porque eu acredito piamente que, quando você vive de acordo com as suas intenções conscientes (e não inconscientes), sua vida é mais plena e mais feliz. E você vomita menos.

ISSO É IMPORTANTE

Nos meus livros normalmente eu não sou tão mala-sem-alça assim logo de cara, mas, como esse é o passo mais fundamental da nossa jornada, sinto que é importante a gente começar direito. O motivo de a motivação ser uma coisa tão importante é que meditar é difícil. Pronto, falei. Eu admito. A meditação traz milhões de benefícios, desde melhorar sua saúde e diminuir seu stress até aumentar seu prazer com a vida como um todo, mas ela é uma jornada longa – e os sinais de sucesso nem sempre são óbvios. Portanto, quando bater aquele desânimo (e a gente vai falar mais sobre isso no capítulo 6), você pode olhar para trás, para esse pilar tão básico, e dizer: "Certo. Esse é o motivo de eu estar fazendo isso: eu quero ser mais gentil / ter mais autoconsciência / não sentir tanto estresse o tempo todo". Ter uma boa compreensão de por que você está se empenhando (e, vamos ser sinceros, é um empenho) é uma coisa que vai te ajudar a longo prazo.

Aliás, se você já encontrou a sua intenção, escreva num papel. Eu vou até deixar um espaço no final desta página. Anote aí. Só você precisa saber. Mas, se você quiser que outras pessoas saibam, pode ficar à vontade para me mandar um e-mail – e depois me conte o que acontecer quando você terminar o livro. Pode ser que a sua intenção mude um pouco (ou muito) ao longo dos próximos passos – mas, para começar, essa está ótima. Agora você já tem o seu "porquê"? Boa! Então vamos partir para a ação.

Minha intenção, ao começar a meditar, é

_____

_____

_____

SENTAR TIPO BUDA

2º PASSO:
APRENDA A TÉCNICA DA MEDITAÇÃO

A prática de meditação que a gente vai aprender neste livro é conhecida como *shamatha*, ou meditação de permanência serena. Existem várias formas de meditação que a gente pode aprender, cada uma com um objetivo diferente – algumas podem te ajudar a pegar no sono com mais facilidade, por exemplo. Já a prática que a gente vai aprender aqui, embora também tenha um efeito calmante, faz exatamente o oposto: o objetivo de shamatha é te despertar.

Se você quer estar mais presente no seu trabalho, é dessa prática que você precisa. Se você quer se conectar de verdade com os seus amigos e com a sua família, é dessa prática que você precisa. Se você quer realmente viver ao longo da sua vida, com todas as suas dores e delícias, é dessa prática que você precisa. Shamatha te desperta para o que está acontecendo neste exato momento. E tudo isso simplesmente treinando a sua capacidade de prestar atenção em uma coisa que é a corporificação do momento presente: a sua respiração.

A respiração é sempre nova. É sempre o que está acontecendo aqui e agora. A gente nasce respirando e vai respirar até morrer. Ainda assim, apesar de a respiração estar sempre por perto, a gente não pensa sobre ela. Não é nada comum passar algum tempo contemplando algo tão simples e tão natural quanto a respiração. Ou, pelo menos, não era – até agora.

Essa prática, especificamente, vem do tempo do Buda – que, antes de ser o Buda, era um príncipe chamado Siddhartha Gautama, criado em uma vida extremamente protegida, sem ter de ver ou vivenciar nenhum sofrimento ao longo de toda a sua infância e adolescência. Certo dia, ele ficou curioso para saber o que acontecia fora dos muros do palácio e, com a permissão do pai, saiu para dar uma volta de carruagem. Apesar do empenho de seu pai, quando ele conheceu o mundo externo teve seu primeiro vislumbre do sofrimento: ele viu a velhice, a doença e a morte. Viu também um meditante e, se sentindo sufocado pela descoberta do sofrimento, em vez de continuar na realeza, decidiu seguir por esse caminho de espiritualidade.

O Siddharta fugiu da casa do pai e passou sua terceira década de vida se dedicando a explorar muitas práticas espirituais, aprendendo uma imensa variedade de técnicas de meditação que buscavam alcançar objetivos diferentes. Ele rapidamente dominava cada técnica e seguia adiante para encontrar outra, porque nenhuma delas aliviava aquela sensação de sofrimento que ele havia descoberto pouco tempo antes.

Por fim, ele se sentou debaixo de uma árvore e pensou: "Deixa eu meditar sobre a respiração um pouco". Ele fez exatamente isso – e, em seguida, decidiu não se levantar até ter alcançado a iluminação. Ele passou por todo tipo de angústia mental, mas continuou sentado até que, enfim, conquistou seu objetivo: atingiu o nirvana. Pois é, antes de ser uma banda grunge dos anos 1990, o termo *nirvana* era reservado para falar de um estado de paz interior. Quando as pessoas pensam em nirvana, normalmente pensam em alguém sentado, viajando em um êxtase total. Mas não foi isso que o Siddharta alcançou.

Quando atingiu a iluminação, ou o nirvana, ele sintonizou com a realidade como ela é. Ele despertou para as coisas como elas são – não estava mais preso a suas ideias sobre como a realidade deveria ser, ou a alguma noção transcendental de como ela poderia ser. Isso é iluminação. E foi por isso que ele ficou conhecido como um buda, O Desperto.

Fazendo essa mesma prática simples que o Buda fez, você

está assumindo um compromisso com o despertar. Pode ser que você não queira alcançar a iluminação absoluta – e tudo bem, juro –, mas a ideia de despertar e sintonizar cada vez mais com a sua vida pode soar interessante. Agora, com essa intenção em mente, a gente vai ver as instruções específicas da meditação shamatha.

CORPO

A primeira coisa é sentar, de um jeito confortável, sobre uma almofada no chão. Caso sinta desconforto, você também pode sentar em uma cadeira. De qualquer forma, tente sentar com os glúteos firmemente apoiados no meio do seu assento. O objetivo aqui é ter aquela sensação de estar fisicamente enraizado – isso te ajudará a estar mentalmente aterrado. Sinta o peso do seu corpo na terra. Se você estiver em uma almofada, cruze suavemente suas pernas, de forma que os joelhos fiquem um pouco abaixo da linha do quadril. Se estiver em uma cadeira, plante os pés firmemente no chão, mantendo-os na largura dos quadris.

A partir dessa base firme, você se expande verticalmente rumo ao céu. Alongue sua coluna, para que você se sente de forma ereta. Não force os ombros para trás, porque isso pode causar dor e desconforto ao longo da prática. Conecte-se de verdade com a curvatura natural do próprio esqueleto e utilize-a como uma base de suporte. Se ajudar, visualize um fio no topo da sua cabeça, te puxando para o alto. A maioria das pessoas se acostumou, ao longo dos anos, a ficar encurvada enquanto lê, trabalha, etc., portanto, no começo, não é incomum sentir algum desconforto ou até mesmo certa dor. Eu prometo que isso vai melhorar com o tempo. Por enquanto, por favor, faça um esforço para permanecer nessa postura ereta. Se você estiver em uma cadeira, não use o encosto.

Agora solte suas mãos ao lado do corpo por um instante. Então, sem mover a parte superior dos braços, dobre os cotovelos e levante as mãos. Em seguida, deixe que elas caiam sobre as suas coxas, com as palmas viradas para baixo. Essa posição fornece um pouco mais de suporte para as costas. Você já deve ter visto que, em algumas tradições, as pessoas mantêm a palma das mãos para cima ou fazem algum *mudra* (posição de mãos) especial perto do umbigo. Não tem nada de errado com essas posições, mas a gente vai focar na simplicidade, e dar mais sustentação à nossa postura, mantendo as mãos nas coxas com as palmas viradas para baixo.

Deixe o crânio repousar no topo da sua coluna. A única coisa que você precisa fazer, em relação ao posicionamento da cabeça, é encaixar o queixo ligeiramente para dentro. Relaxe a musculatura da face, especialmente a testa, os olhos e a mandíbula. Com isso, talvez sua boca fique um pouco aberta, o que é ideal. Você também pode encostar a língua no céu da boca para diminuir o processo de salivação e liberar a passagem de ar.

Por fim, repouse o olhar no chão, a aproximadamente um

metro de distância. Pode ser que você se surpreenda com a minha recomendação de manter os olhos abertos. É uma questão de perspectiva. Se a sua intenção é despertar para o que está acontecendo ao redor, fechar os olhos parece meio improdutivo. Minha experiência é que pessoas que nunca meditaram antes não acham isso tão difícil. Mas, para aquelas que já tenham meditado, por algum tempo, com os olhos fechados, essa transição pode exigir um certo esforço. Ainda assim, eu recomendo fortemente que você tente manter os olhos abertos, deixando seu olhar repousar diante de você, de forma relaxada.

Meditação não é um exercício intelectual, é uma forma de se conectar com o que está acontecendo no corpo. Esse processo de conexão com o corpo, como ele é, é extremamente importante. Portanto, antes de continuar, leve seu tempo para estabelecer essa conexão e mergulhar na sua existência física.

RESPIRAÇÃO

Agora a parte difícil (e eu sei que parece bem simples): traga sua atenção plenamente para a respiração. Você está respirando enquanto lê este livro. Você respira o dia inteiro. Você respira até mesmo enquanto dorme. É algo a que você não costuma prestar atenção. Mas faça isso agora. Mesmo que você não esteja tentando meditar neste exato momento. Talvez você esteja no metrô. Ou em uma sala de espera. Apenas largue o livro e preste atenção na sua respiração por um minuto.

Não é tão fácil, né? A nossa mente se acostumou a correr loucamente, não a ficar focada em algo tão básico como a respiração. Por isso a prática da meditação é difícil. A gente passou anos criando o hábito de fazer qualquer outra coisa que não seja ficar presente com o que está ocorrendo neste exato momento. A respiração serve como uma âncora para o presente. Então apenas sinta sua respiração, como ela estiver agora.

Você não precisa alterar ou mudar o padrão normal da respiração. Você não precisa enfatizar a inspiração ou a expiração. Apenas respire como você respira normalmente.

Pode ser que você sinta que a sua respiração fica meio forçada e pouco natural. Relaxe. Deixe que o seu corpo faça o trabalho dele. De certa forma, o verdadeiro objetivo da prática meditativa é apreciar seu próprio ser.

MENTE

Você vai se distrair da respiração. Pode ser que demore alguns segundos ou alguns minutos, mas você vai se distrair. Isso também é uma coisa totalmente natural. Como a gente não está acostumado a viver no momento presente, nossa mente tende a passear pelo passado e pelo futuro. Por exemplo: talvez você esteja tentando permanecer presente e, de repente, começa a reviver uma conversa que teve com alguém que te incomodou mais cedo. A partir daí, sua mente pula para o futuro, imaginando a resposta genial que você vai dar para aquela pessoa quando vocês se encontrarem de novo.

Caso a sua atenção seja sequestrada pelo passado ou pelo futuro, apenas lembre-se de que sua intenção é permanecer presente com a respiração. Se a sua mente se perder em meio a grandes pensamentos que te levam para fora do cômodo onde você está, você pode dizer mentalmente, com gentileza: "Pensamento". Isso serve como um lembrete de que o que você está fazendo é absolutamente normal, mas não é o que você quer fazer. Depois de nomear o seu pensamento discursivo como "pensamento", você pode trazer a atenção de volta para a respiração.

Essa é a prática básica de shamatha. É a que o Buda fez – e como funcionou para ele, eu realmente acho que a gente devia pelo menos dar uma chance a ela. A gente não precisa de outras práticas ou de técnicas novas para se desafiar. Ao longo do nosso percurso, use essa prática de shamatha, por favor. O poder dela é a simplicidade. Ao longo do tempo, você será capaz de se enxergar com mais clareza. Você vai conhecer profundamente o seu próprio processo mental. Isso é alguém que pratica a meditação: uma pessoa que aprecia os muitos sabores da sua própria mente e é capaz de ficar presente com todos eles.

A seguir, a gente vai dar uma olhada em duas ferramentas que ajudarão nessa empreitada.

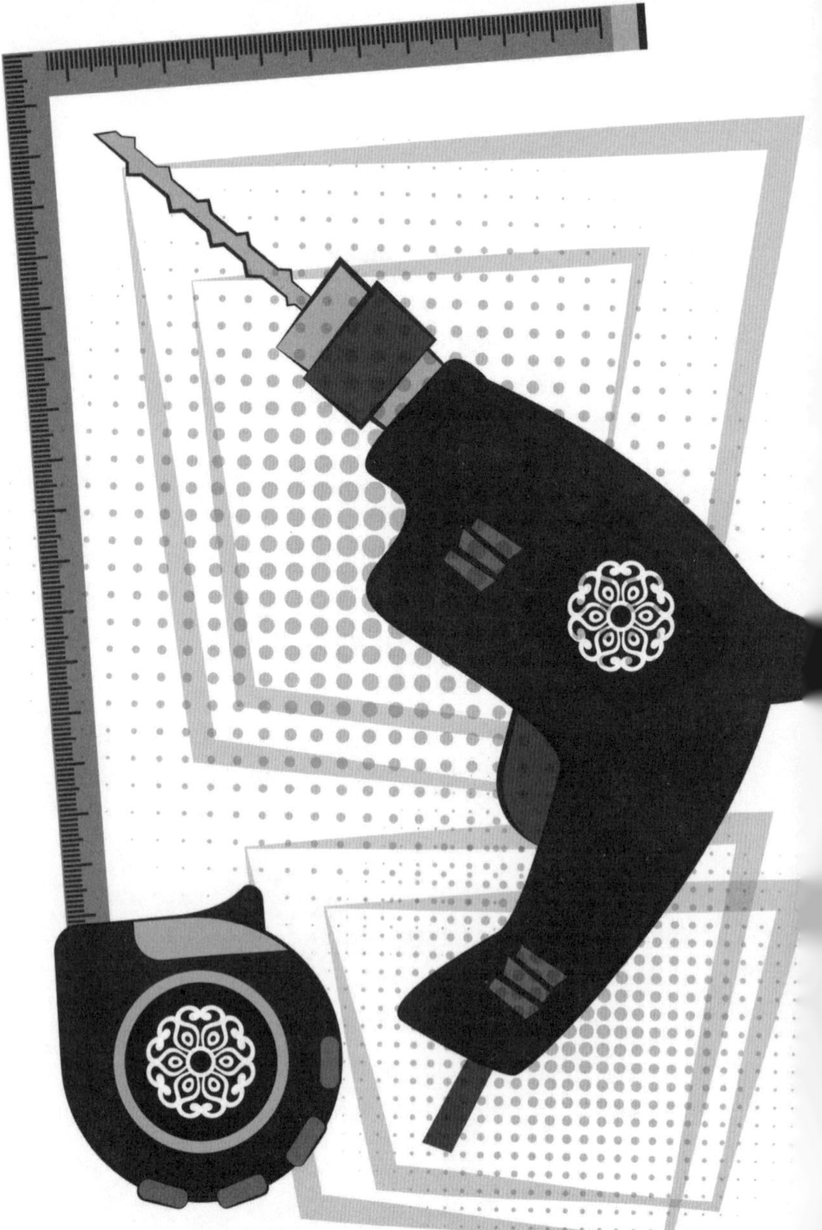

3º PASSO:
USE A DUPLA DINÂMICA DO JOGO

Após molhar a ponta dos dedos nas águas da meditação, talvez você tenha percebido que essa prática pode ser um desafio. Apesar de se chamar "meditação de permanência serena", parece que a sua mente enlouqueceu. Na verdade, no começo é muito comum sentir que abriram uma represa na sua mente e que agora está descendo uma barragem inteira de pensamentos, como se você estivesse bem embaixo de uma cachoeira e os pensamentos caíssem em você com velocidade total. É... pode ser complicado nesse nível.

A boa notícia (e, pode acreditar, eu estou falando isso por experiência própria) é que vai ficando mais fácil. Conforme ganha consistência na prática, você começa a notar um aumento na sua capacidade de permanecer com a respiração e ficar presente, tanto na almofada de meditação quanto com os outros elementos do resto da sua vida. Mas demora um pouco até isso acontecer, então o ideal é continuar experimentando a prática de shamatha de forma regular, enquanto a gente segue para os próximos passos.

Agora quero te apresentar alguns ajudantes meditativos. São duas ferramentas que vão nos ajudar na prática: a atenção plena e a consciência[1]. Pode colocar as duas na sua caixa de ferramentas, porque elas são, respectivamente, a furadeira e a fita métrica da meditação – e você vai usar muito nas suas práticas, então é melhor já se familiarizar com elas.

Primeiro, as definições. A palavra tibetana para "atenção plena" é *trenpa*, que pode ser traduzida mais diretamente como "a habilidade de manter a sua atenção em algo". Bem direto ao ponto, né? Então, se você quer ter atenção plena à respiração, isso significa que você precisa manter a sua atenção na respiração. Se você quer ter atenção plena a uma conversa, isso significa focar totalmente no assunto. Se você quer ter atenção plena enquanto come, isso significa saborear e prestar atenção na comida. A atenção plena é o simples ato de estar plenamente presente com o que quer que você esteja fazendo. A palavra "plena", neste caso, significa "em

---

[1] Nota do editor: *mindfulness* e *awareness*

essência". Então "atenção plena" quer dizer que a gente está cultivando a essência de prestar atenção e estar presente.

A atenção plena é uma capacidade inata que todo mundo possui. Não é alguma coisa que a gente precisa ir ao supermercado para comprar. A gente já tem. Essa furadeira é uma ferramenta que já está na nossa caixa. A gente só precisa aprender a usar. Eu uso a furadeira como exemplo porque a atenção plena é uma ferramenta precisa – ela serve especificamente para manter a gente em sintonia com o momento presente. Ainda que às vezes possa ser desconfortável ou difícil estar plenamente presente com a respiração, essa prática, na verdade, é só uma aplicação dessa ferramenta para treinar nossa mente a fazer algo que ela já está acostumada a fazer de outras maneiras.

O que eu quero dizer é que, na verdade, a gente sempre está meditando sobre alguma coisa. Pode ser que a gente esteja meditando sobre aquela pessoa que passou na rua mais cedo, pensando como seria se a gente saísse, aonde a gente poderia ir, se iria rolar um beijo (ou algo mais) no fim da noite. Ou talvez a gente possa estar meditando sobre um projeto futuro no trabalho, sobre todas as pessoas que vão estar nas reuniões, fazendo notas mentais a respeito dos e-mails que a gente precisa enviar. O ponto é que a nossa mente sempre está sendo colocada em alguma coisa. Normalmente essa coisa é algo diferente do que está acontecendo aqui e agora.

Portanto, a nossa mente se acostumou a meditar sobre o futuro e o passado – e a gente precisa treinar a mente para que ela volte ao presente. Esse é o poder da atenção plena: a gente aprende a ter precisão com a respiração, que serve como uma âncora do presente, para que mais adiante a gente possa ter mais atenção com o resto de nossas vidas.

A segunda ferramenta, sobre a qual eu quero falar, é a confiável fita métrica da consciência. A palavra tibetana para "consciência" é *sheshin*. *She* pode ser traduzido como "saber", e *shin* significa "presente". Portanto, a gente pode pensar nessa expressão como sendo algo do tipo "presentemente sabendo" ou "sabendo o que está acontecendo neste instante". É uma sensação de estar consciente do nosso ambiente, tanto físico quanto mental. Assim como a atenção plena, essa ferramenta é algo que a gente já possui.

A atenção plena e a consciência trabalham juntas para manter o nosso foco no momento presente. Elas são a dupla dinâmica das ferramentas meditativas. Em relação ao ambiente físico, pode ser que, em algum momento do dia, a gente escute o telefone tocar. Nesse caso é a consciência que diz: "Opa! Meu telefone está tocando". Portanto, o reconhecimento de que algum som surgiu, e ele vem do seu telefone, faz parte da consciência do ambiente físico. Em seguida, você pega o telefone e começa a conversar com a pessoa que ligou, focando plenamente nessa conversa. Nesse caso, é a atenção plena que te permite ficar realmente presente durante o diálogo. Mas pode ser que a outra pessoa comece a te deixar entediado e você perca sua sensação de atenção plena. Se ela perceber que você não está ouvindo, pode ser que ela diga: "Você está prestando atenção no que estou dizendo?". Então sua consciência rapidamente te traz ao que está acontecendo naquele momento, e você volta a estar presente com aquela pessoa.

Outro exemplo: você está aguardando na fila da cafeteria. Talvez no início você esteja bem distraído, lendo seus e-mails no celular ou sonhando acordado, mas, quando o atendente diz "Próximo!", você está lá, completamente presente com aquela pessoa, explicando seu pedido, tentando gentilmente puxar algum assunto e tendo uma interação humana genuína. A consciência é o que registra o chamado do atendente, e a atenção plena é o que te mantém presente o suficiente para pedir um café. Alguns minutos depois, outro atendente chama seu nome. A consciência percebe que seu nome foi chamado e, idealmente, a atenção plena entra no jogo enquanto você se senta para saborear sua bebida.

No caso do nosso ambiente mental, a consciência é aquele aspecto da mente que percebe quando a gente não está mais presente com a respiração. Sabe como às vezes você está lá, meditando, e de repente vários minutos se passaram enquanto você planejava aquelas férias que podem ou não acontecer, e então você percebe e diz: "Uau! Vamos voltar a meditar sobre a respiração"? A consciência é essa voz que te guia de volta à prática meditativa. Eu estou chamando de "fita métrica" porque ela é capaz de medir o quão longe do momento presente você foi, e então te trazer de volta para a respiração, como quando a fita volta para dentro da base. Outra forma de imaginar a consciência é como o xerife do vilarejo da sua mente, constante e gentilmente vigiando e garantindo sua habilidade de retornar para a respiração.

Meu professor Sakyong Mipham Rinpoche uma vez disse: "Cada momento possui sua própria energia; ou ela nos dirige, ou a gente a dirige"[2]. Se não vivermos a vida com atenção plena e consciência, perderemos inúmeras oportunidades de aproveitar os pequenos momentos ao longo do nosso dia. Vamos permitir que padrões habituais nos manipulem de forma aleatória, conforme a energia do momento nos dirige. É quase como ficar ouvindo aquela musiquinha insuportável do elevador durante um percurso interminável, em que cada parada abre as portas para o egocentrismo e o sofrimento. Se você for capaz de permanecer no momento e reconhecer a energia do que está acontecendo, você consegue viver sua vida com intenção. Se você não conseguir dirigir a energia deste momento, ela vai te dirigir. Em outras palavras, você

---

2 Sakyong Mipham Rinpoche, *The Shambhala Principle* (New York: Harmony, 2013), 124.

vai viver uma vida baseada em intenções inconscientes e ficar refém dos impulsos discursivos que a sua mente construir. Não importa em qual andar do elevador saia, você encontrará dor e confusão interna.

Se você aplicar as ferramentas da consciência e da atenção plena à sua prática meditativa, ela vai florescer. Essas duas armas naturais da nossa prática vão nos guiar de volta para o sentimento de serenidade que é anunciado no título da nossa meditação de permanência serena. Sua consciência vai notar quando você se distrair e, como uma fita métrica se recolhendo, te trazer de volta para o momento presente. Ela vai dizer: "Pensamento". Então a gente retorna para a atenção plena na respiração. Quando a gente se percebe em uma distração e diz "Pensamento", é como se fosse um truque que permite apertar um botão do elevador e sair em um ambiente espaçoso e fresco, onde a gente pode aproveitar a nossa vida.

Pode ser que você se perca de novo nos pensamentos, mas a consciência, como boa amiga que é, vai de novo te buscar: "Pensamento". Então você volta a colocar sua atenção plena na sensação física de inspirar e expirar. Isso continua até que essas duas ferramentas se tornem parte da sua natureza e você consiga, cada vez mais, repousar na respiração e na sua vida.

Outra palavra tibetana para meditação é *gom*, que também pode ser traduzida como "se familiarizar com algo". Em essência, o processo da meditação é nos familiarizarmos com nossa própria mente e com nossos padrões habituais. Agora que está começando a observar a sua própria mente, você pode lidar com ela como se fosse alguém que acabou de conhecer. Talvez a primeira coisa que você veja seja aquela cachoeira de pensamentos que você nota quando se senta para meditar, e isso te leve a dizer: "Hm... Não sei se eu quero te conhecer, Sra. Mente". Mas você persiste – e conforme continua a aplicar a atenção plena e a consciência, você se acostuma mais e mais às coisas excêntricas do seu processo mental. É como quando a gente conhece um novo amigo e começa a gostar das suas características. A meditação é essencialmente um processo de fazer amizade consigo.

Pema Chödrön, uma professora da tradição Shambhala, disse: "Ao praticar a meditação, a gente não está tentando se elevar à altura de algum tipo de ideal – muito pelo contrário. A gente está apenas permanecendo com a nossa experiência, seja ela qual for".[3] Às vezes a sua mente pode ser caótica; às vezes ela pode ser pacífica. Em ambos os casos, se você consegue investigá-la por meio da prática de simplesmente estar presente, isso significa que você está se tornando mais plenamente quem você é. Você se torna mais capaz de permanecer com a sua experiência, seja ela boa ou ruim.

---

3 Pema Chödrön, *Comfortable with Uncertainty* (Boston: Shambhala Publications, 2008), 187.

Como bônus, quando continua a aplicar a atenção plena e a consciência durante a meditação, você descobre que elas começam a se manifestar naturalmente, conforme você segue sua rotina diária. Por fim, você conseguirá ficar mais presente com seus amigos e amigas quando sair para jantar, com seu parceiro ou parceira na cama, e com seus parentes – mesmo durante uma discussão. Em todas essas situações, você pode sintonizar com o momento presente. Você pode prestar atenção ao que está acontecendo agora. Você pode manter a consciência do seu ambiente e das pessoas com as quais está se relacionando. A precisão da furadeira da atenção plena e a rapidez do retorno da fita métrica da consciência – com essa dupla dinâmica você será capaz de viver uma vida mais plena e mais alegre de modo geral, em sintonia com as coisas como elas são.

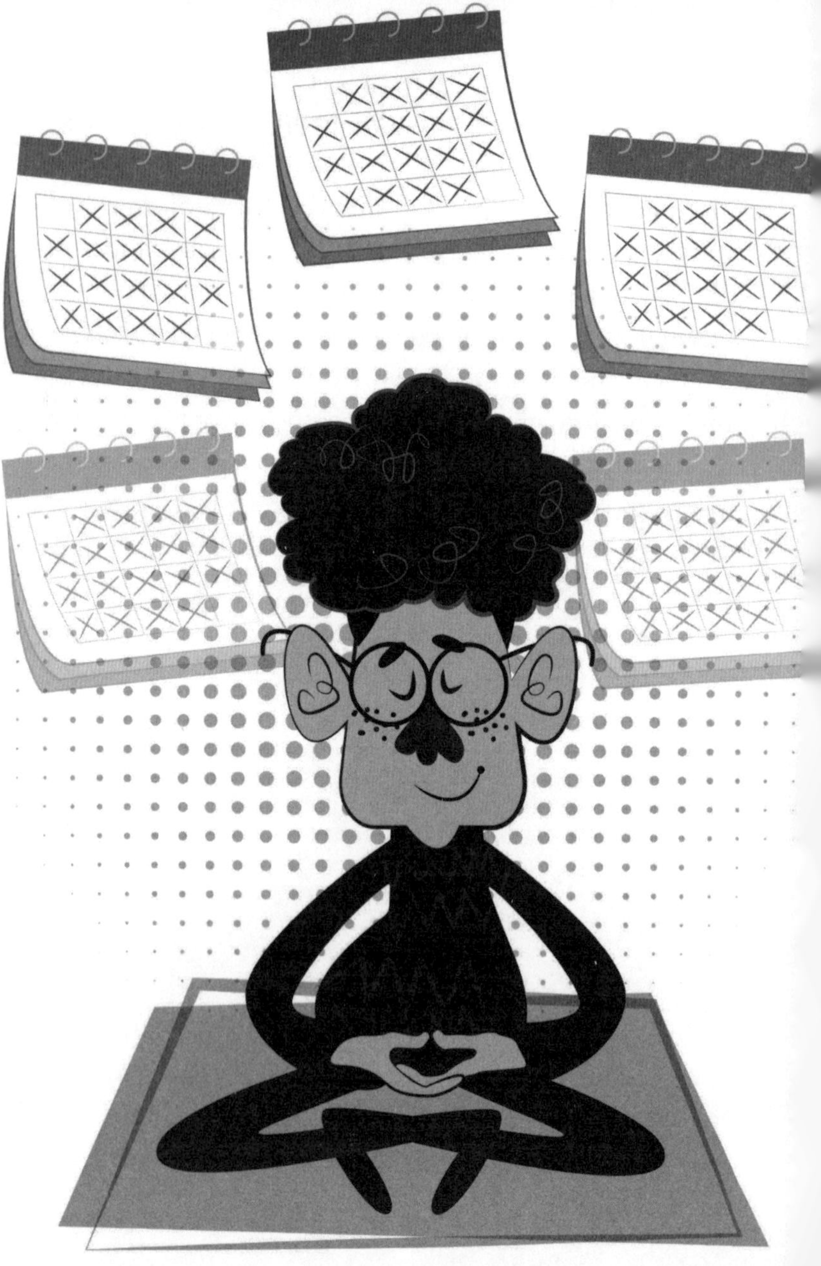

4º PASSO:
SEJA CONSISTENTE

Depois de ter estabelecido uma intenção para começar sua prática de meditação, de ter aprendido a técnica básica de como praticar e de ter descoberto as importantes ferramentas da atenção plena e da consciência, já está tudo pronto para você estabelecer uma prática meditativa regular na sua casa. A palavra-chave para este passo do caminho é "consistência". Se você quer engatar em uma prática de meditação, será preciso ter consistência no ambiente, um horário específico, um tempo determinado e um ritmo que esteja dentro do seu alcance. Se você conseguir dominar essas quatro coisas, a sua prática meditativa gradualmente vai se integrar à sua vida e terá um efeito profundo em você. Neste capítulo, eu vou colocar na mesa todos os aspectos da disciplina que são necessários para realmente engatar em uma prática, e no próximo capítulo a gente vai temperar essa disciplina exigente usando o passo seguinte, que é aprender a ser verdadeiramente gentil consigo.

AMBIENTE CONSISTENTE

Imagine que você chega em casa à noite depois de um longo dia de trabalho, sentindo muito cansaço. Mas é o seguinte: você não tem um espaço consistente para dormir, então precisa montar sua cama. Você prepara o estrado, aparafusa tudo, encaixa os suportes, coloca o colchão em cima e depois cobre com os lençóis e travesseiros. Parece muito trabalho para uma coisa que você vai fazer todo dia, certo?

Mas é isso que muita gente faz na hora de criar um ambiente para a prática da meditação. Normalmente, novos praticantes pegam as almofadas do sofá, mudam a TV de lugar, jogam as almofadas no chão, se jogam em cima delas e esperam ter uma excelente sessão de meditação. Em outras palavras, eles tornam o processo de chegar até a almofada de meditação algo mais complicado do que o necessário.

Imagine, por outro lado, que você acorda pela manhã, se levanta da cama e tem um cantinho na sua sala onde já está tudo pronto para você meditar. De pronto, é algo que te convida a praticar. Tudo o que você precisa fazer é se sentar por algum tempo e curtir sua meditação. Soa melhor, né? Essa é a beleza de ter um ambiente consistente para a sua prática.

Como Sakyong Mipham Rinpoche disse: "O ambiente é um apoio ou um empecilho para tudo que a gente queira fazer. Tudo no nosso ambiente – comida, roupas, lugares, o tempo que a gente fica, a compaixão ou inveja dos outros – nos afeta".[4] Se você quer estabelecer uma prática de meditação em casa, uma das coisas mais importantes que você pode fazer é criar um ambiente que te apoie nisso. Pare por um momento, no dia de hoje, e observe sua casa. A partir de como ela se encontra atualmente, você pode se perguntar: "O que meu ambiente está apoiando?". Tem roupas jogadas, pilhas de pratos sujos na pia, bugigangas por todo lado? Se tiver, isso provavelmente funciona como um impedimento para cultivar as qualidades de lucidez ou paz. Se o seu ambiente está limpo, com uma decoração que te inspira e com cada coisa em seu devido lugar, isso provavelmente apoiará essas qualidades.

Morando em Nova York, eu estou acostumado a lidar com pessoas que não têm muito espaço de sobra para criar um ambiente de meditação. Se você mora em uma casa e anda pensando sobre o que fazer com aquele quarto extra, um espaço de meditação pode ser a pedida certa. Mas se você mora em um apartamento pequeno, pode ser que só tenha

---

[4] Sakyong Mipham Rinpoche, *Ruling Your World: Ancient Strategies for Modern Life* (New York: Three Rivers Press, 2006), 24.

um canto da sala ou do quarto para criar o seu lugar de meditação. Em ambos os casos, você pode construir um ambiente de meditação consistente.

Se você realmente tiver interesse em estabelecer uma prática regular, eu recomendo comprar uma almofada de meditação. Você pode procurar em lojas locais ou então comprar pela internet (dê uma olhada na seção de Recursos para mais informações). Ter uma almofada te esperando é uma forma simples de criar uma expectativa para o momento da meditação. Basta se sentar e já está tudo pronto para começar. Normalmente essas almofadas são bem coloridas, portanto, conforme você segue com o seu dia, ela fica sempre saltando aos olhos e te lembrando de que, em algum momento, você pretende meditar.

Existem diferentes tipos de almofadas para escolher, desde o *zafu* (uma almofada circular que fica mais próxima ao chão) até o *gamden* (que tem um formato retangular e parece uma almofada, mas tem a firmeza de uma cadeira). Também existem vários banquinhos de meditação. Caso você more perto de um centro de meditação, pode testar algumas dessas opções e ver com qual você se sente melhor.

Por outro lado, eu sei que nem todo mundo quer investir imediatamente em uma almofada de meditação. Então você pode usar os travesseiros da sua cama, ou as almofadas do sofá, qualquer coisa que te faça ficar um pouco acima do chão e permita se sentar confortavelmente na postura de meditação. Você também pode se sentar em uma cadeira de quatro pernas (cadeiras com rodinhas vão te distrair) e colocar os pés firmemente no chão, na largura dos quadris.

Se você precisa trazer a cadeira, os travesseiros ou as almofadas de outro lugar da casa, existem outras formas de criar um espaço regular de meditação. Você pode colocar uma estatueta do Buda em cima de um banquinho, e isso pode servir como um lembrete de ir até lá para meditar. Ou você pode deixar uma vela de que você goste e acender durante as suas sessões de meditação. Você também pode comprar um suporte de incenso que ache inspirador e digno. Em todas essas situações, o importante é que o espaço seja consistente e atraente para você. Dessa forma, você não vai precisar se esforçar muito para engatar na sua prática diária.

HORÁRIO CONSISTENTE

Além de ter um ambiente consistente, é importante identificar um horário consistente no qual você possa meditar. Existe uma linha tênue na hora de decidir em que momento você vai meditar: você quer estar desperto, mas não em meio a um cronograma caótico. Para algumas pessoas, isso significa acordar de manhã e imediatamente se sentar em seu ambiente de meditação. Para outros, significa tomar seu banho matinal e comer seu café da manhã antes de praticar. Algumas pessoas não conseguem encontrar tempo para meditar de manhã e preferem deixar para o momento em que chegam dos estudos ou do trabalho. Outras escolhem o horário do almoço. Tem até algumas pessoas sortudas que conseguem meditar logo antes de ir para a cama e não caem no sono no meio da prática!

Na verdade, eu levei anos para descobrir o melhor momento do dia para a minha meditação. Hoje em dia eu acordo, tomo banho, dou uma conferida na quantidade de trabalho daquele dia, começo a trabalhar por meia hora, e então me obrigo a fechar o computador e me sentar na minha almofada. No meu caso, esse é o momento em que eu estou desperto o suficiente para não ficar sentado me sentindo grogue, mas minha mente ainda não acelerou totalmente até chegar ao modo "preciso terminar todo esse trabalho".

Descobri que, se eu estabeleço um horário exato para a minha meditação, posso ficar frustrado quando me atrasar. Por exemplo, se eu dissesse que vou meditar todos os dias às 8h45 da manhã, e eventualmente meu cachorro demorar um pouco mais do que o esperado no passeio matinal, pode ser que eu me sente e fique meditando sobre como o meu cachorro sempre me faz estar atrasado. Isso não ajuda. Em vez disso, aprendi que é melhor aceitar meu cronograma normal e inserir a meditação no meio, como eu faria com outros aspectos da minha rotina matinal. Dessa forma, eu não fico tão rígido e ela ainda ocupa um lugar importante do meu dia. Conforme você começa a meditar consistentemente, dê uma olhada no seu cronograma semanal e veja se existe algum momento do dia em que você possa meditar com regularidade. Fazer uma escolha consciente nessa questão te ajuda a não ter a confusão de mudar tudo o tempo todo, o que pode acabar te convencendo de que em um dia ou outro você não tem tempo para encaixar sua prática.

DURAÇÃO CONSISTENTE

Outra forma de consistência que é muito útil para quem está começando é escolher uma duração específica para a prática e se ater a ela. Eu geralmente recomendo começar com dez minutos por dia. Todo mundo tem dez minutos por dia. Mesmo que você tenha muitos afazeres, seus filhos exijam muito da sua atenção e seu chefe seja um chato que te liga o tempo todo, você ainda consegue encaixar dez minutos por dia de manhã ou à noite. Encontrar esses dez minutos é a parte complicada, mas ater-se a eles não deve ser muito difícil.

Uma coisa importante é não mudar de ideia no meio da meditação, depois de ter começado com a intenção de praticar por um período específico. Às vezes você se senta para meditar e dez minutos parecem uma eternidade. Você vai achar que seu cronômetro quebrou, vai olhar para o relógio e ver que só se passaram três minutos, e aí vai querer saltar fora da almofada. Não faça isso. Sente-se por dez minutos. No dia seguinte, pode ser que você esteja presente com a sua respiração, o cronômetro soe e você pense: "Talvez eu tenha tempo para mais dez". Também não faça isso.

Quando você começa a seguir esse caminho de ajustar a duração da prática durante a própria prática, você (1) está usando sua meditação como uma forma de se distrair da sua própria meditação e (2) está julgando sua prática meditativa. Nunca julgue a sua meditação. A sua mente é a sua mente. Às vezes vai ser fácil permanecer com a respiração e você vai achar que está a um milímetro da iluminação completa. No dia seguinte, você vai se estressar com alguém no trabalho e isso não vai sair da sua cabeça durante a prática. A gente nunca deve rotular as nossas sessões de meditação como "boas" ou "ruins". Qualquer tempo que você passe na almofada de meditação é uma boa meditação. Por isso é importante se ater à duração consistente da sua prática. Se, com o tempo, você quiser aumentar esse período em cinco ou dez minutos, tudo bem, mas faça isso com consistência.

RITMO CONSISTENTE

Recentemente foram publicados diversos estudos sobre quanto tempo demora para as pessoas formarem hábitos. Eu li que, se quiser construir um novo hábito, você precisa fazer a mesma coisa durante onze dias consecutivos – então seu cérebro começa a registrar isso como algo que você faz regularmente. No meu entendimento, isso pode ser onze dias sem fumar, ou onze dias escrevendo um pouco, para que essas coisas comecem a se tornar hábitos. Depois de vinte e um dias, o hábito se estabelece.

Eu comecei a meditar quando era bem novo e já participava de retiros, nos finais de semana, quando tinha onze anos de idade. Entretanto, só com dezessete anos é que comecei a ter uma prática diária regular. Isso foi consequência direta de um retiro de um mês que eu fiz em um pequeno monastério conhecido como Gampo Abbey. Foi uma experiência realmente transformadora para mim, e quando eu fui embora do monastério prometi a mim mesmo que iria continuar a meditar regularmente. De alguma forma, foi mais fácil do que eu pensava. Só muitos anos depois eu percebi que o meu nível de consistência para estabelecer o ritmo de uma prática individual foi uma consequência direta daquele retiro. Claro que foi uma experiência profunda estar longe de tudo, mas o fato de eu ter meditado todo dia durante mais de vinte e um dias inseriu a prática da meditação nos meus ossos a ponto de ela se tornar algo totalmente natural. Quando eu fui para casa, depois disso, foi mais fácil manter a prática.

Tendo dito isso, não dá para enfatizar o suficiente a importância de manter um ritmo e meditar de forma consistente, dia após dia, enquanto a sua prática meditativa começa a decolar (metaforicamente, claro – provavelmente você não vai levitar). Se você puder, separe onze dias consecutivos para lançar sua prática regular de meditação. Veja se ela se torna algo mais rotineiro depois desse período inicial. Se você estiver praticando dez minutos por dia, serão 110 minutos da sua vida – menos de duas horas – que vão te preparar para uma vida inteira de estar mais presente, ter mais gentileza e mais compaixão. Em termos de investimento de tempo, é um bom negócio.

De vez em quando você vai achar difícil manter um ou outro desses elementos. Por exemplo, talvez você vá viajar e ache impossível estabelecer um ambiente consistente para meditar. Nesse caso, eu recomendo levar um elemento do seu ambiente caseiro. Eu quase sempre viajo com uma estátua de Manjushri, um ser budista que representa sabedoria.

Ela foi um presente de um amigo e tem um significado pessoal para mim, então, quando eu fico na casa de amigos ou em um hotel, eu sei que, ao abrir a mala, vou me lembrar de meditar. Para você pode ser uma foto de alguém que você considere um exemplo de vida (e com quem você gostaria que a sua prática te fizesse parecer) ou uma lembrancinha de alguma viagem espiritual que você fez. O que quer que seja, lembre-se de levar nas suas viagens para permitir que isso te inspire a meditar.

Quanto mais você conseguir se manter consistente em relação à sua prática, mais ela se tornará algo natural da sua vida e da sua personalidade. Eu recomendo que você mantenha um ambiente consistente, para apoiar a sua prática; estabeleça um horário consistente do dia, que você sabe que serve para a sua meditação; mantenha uma duração consistente, que você sinta ser razoável para você; e comece sua prática com um ritmo consistente. Se você conseguir fazer essas quatro coisas, vai estar muito mais perto de integrar essa prática transformativa na sua vida cotidiana. Agora que a gente já falou sobre todas essas formas de disciplina, a gente vai dar uma olhada no próximo passo desta jornada: aprender a ser gentil.

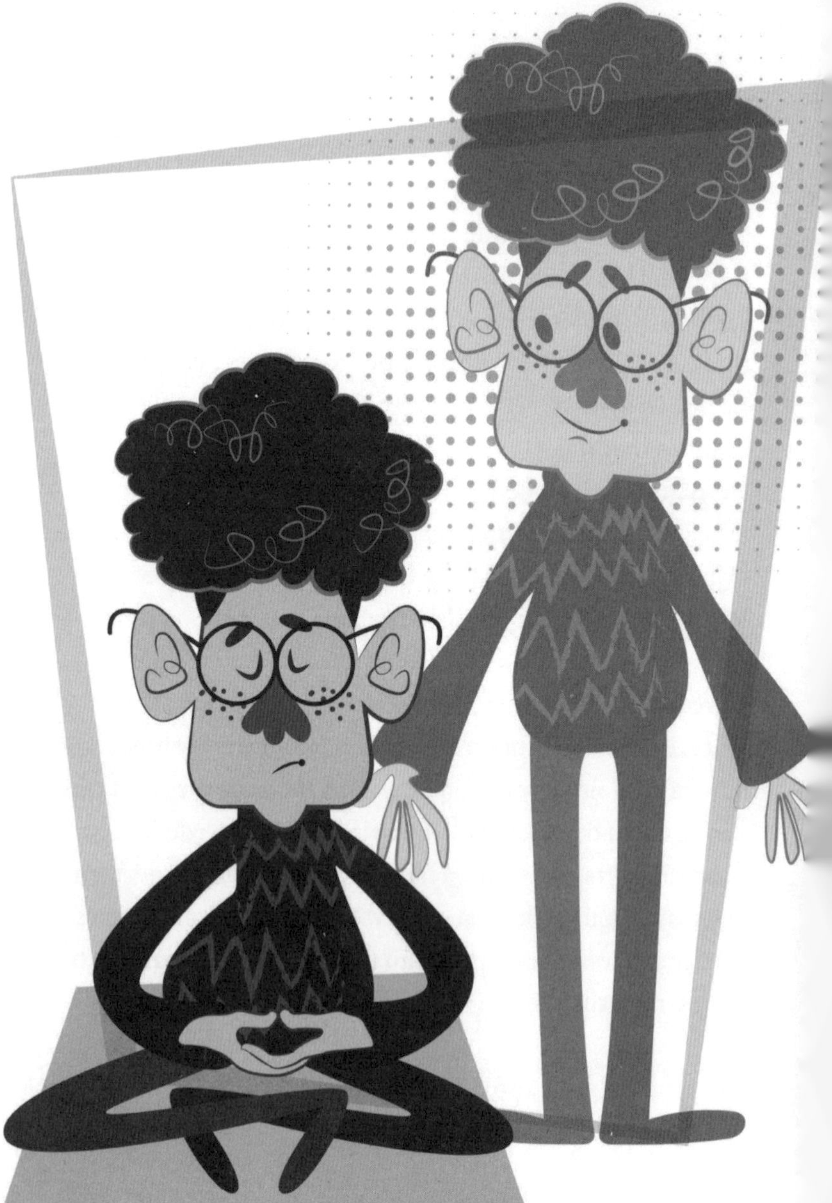

5º PASSO:
SEJA GENTIL

Quando era mais novo, eu lia muitas histórias em quadrinhos. Mesmo hoje em dia, às vezes ainda leio. Na verdade, eu leio bastante. Tem uma coisa que eu acho cativante e inspiradora nos super-heróis dos quadrinhos: eles ganham certas habilidades (seja por meio de algum acidente científico ou por terem nascido diferentes) e, o que é mais importante, decidem tentar fazer algum bem com elas. No entanto, conforme eu vou ficando mais velho, esses super-heróis vão parecendo cada vez menos fantasiosos. Eu pude conhecer várias pessoas extraordinárias, que sobreviveram a aventuras sinistras e trouxeram muitos benefícios ao mundo – sem a vantagem de ter poderes sobre-humanos. Para mim, elas são os super-heróis da vida real, e por conta da influência delas eu decidi criar um super-herói: o Homem Gentileza.

O Homem Gentileza nasceu no dia em que ele percebeu que não precisava ser tão babaca consigo mesmo. Esse é o passado dele. Naquele momento, ele teve essa compreensão e, desde então, passa a vida aprendendo a dominar o seu desejo habitual de agir de formas prejudiciais. Ele enxerga a agressão em si e nos outros e usa como contra-ataque a gentileza – estava meio óbvio, pelo nome, né. O poder especial dele é conseguir ser gentil em todas as situações. E a grande revelação é: você pode ser esse super-herói.

Você pode ser o Homem ou a Mulher Gentileza. Se você já disse, alguma vez: "Eu devia ser mais gentil comigo", você já tem o passado desse super-herói ou heroína. Então, o seu caminho agora é aprofundar a certeza dessa compreensão e concretizar isso sendo, de fato, gentil. Você sabe que às vezes você é uma pessoa babaca consigo e age de formas que machucam os outros. Você pode escolher não fazer isso. Você pode dedicar sua vida a ser a gentileza em pessoa.

Mas é claro que existe um obstáculo, seu arqui-inimigo: a Autoagressão. Ela se manifesta de muitas maneiras diferentes toda semana, mas a cada vez, como Mulher ou Homem Gentileza, você pode escapar do plano da Autoagressão. Para isso, basta prestar atenção e estar consciente. Usando as ferramentas da atenção plena e da consciência que a gente viu anteriormente, você pode aprender a permanecer presente e não ceder aos pensamentos negativos.

Olhe um exemplo de um dos planos maléficos da Autoagressão: quando se senta para meditar, você sente uma frustração por não estar conseguindo simplesmente ficar presente com o que está acontecendo no seu corpo. Você sente dificuldade de encontrar a respiração e, quando finalmente consegue, logo em seguida se distrai com um pensamento que te leva embora. Então, você ignora a consciência e continua a cavalgar essa fantasia ou emoção. Em algum momento, você começa a perceber que não está presente e repete várias vezes, mentalmente: "Pensamento". Então, a forma como você está dizendo "Pensamento" dentro da sua cabeça fica mais alta. Você não está conseguindo prestar atenção e isso está te incomodando. Por fim, você está gritando *"Pensamento!"* várias vezes na sua mente – sem entender por que não consegue encontrar a paz interior. É aí que a Autoagressão ganha o jogo.

Mas não precisa ser assim. Quando você perceber que não está prestando atenção, não precisa se punir. Em vez disso, apenas repita mentalmente "Pensamento", de uma maneira bem gentil, e depois volte para a respiração. Você não precisa se julgar por ter perdido o fluxo da respiração. Você não precisa sentir frustração. Quando perceber essas reações surgindo, apenas se lembre de que a gentileza é a sua melhor opção – e relaxe nesse estado. Quando for capaz de retornar para a gentileza, você vai ver que isso consegue te trazer de volta à respiração mil vezes melhor do que a Autoagressão.

Então vamos analisar uma forma de o Homem ou a Mulher Gentileza ter um contra-ataque a esse plano. Para começar, nosso herói aproveitaria para ser gentil consigo antes mesmo de se sentar para praticar, sabendo que a sua mente correu solta o dia inteiro, pulando de uma atividade para outra, se esforçando no trabalho, na família, no relacionamento e em tudo o mais. Sua mente está bem louca, então, em vez de ir direto à meditação, ele decide ser gentil consigo se preparando suavemente para a prática. Toma uma xícara de chá, ou um copo d'água, e permite que sua mente comece a fazer a transição entre estar em várias atividades e simplesmente saborear sua bebida. Então, ele se alonga um pouco, para ficar mais presente com o seu corpo. Quando se senta, primeiro ele lê algumas páginas do seu livro budista favorito, absorvendo alguns dos ensinamentos mais próximos daquilo que ele está prestes a fazer. Cada uma dessas atividades é um pequeno gesto de gentileza consigo, preparando o terreno para um período gentil de meditação.

O resultado desses simples presentes para si mesmo é que ele nota ser mais capaz de simplesmente ficar com o que quer que esteja acontecendo no seu corpo. Pode ser que tenha um pouco de dificuldade de permanecer com a respiração, mas ele lembra a si mesmo que isso é natural e aguarda com paciência, gentilmente checando de novo sua postura e sua respiração. Então surge um pensamento enorme: ele esqueceu de enviar um e-mail para seu chefe com algumas informações importantes. Em vez de se punir ou gritar mentalmente "*Pensamento!*", ele se oferece um momento de perdão e relaxa de volta ao ato de permanecer com a respiração. São dez minutos aprendendo mais sobre si e reforçando o hábito de ser gentil.

Quando se é gentil consigo na almofada de meditação, você descobre que rapidamente fica cada vez melhor em permanecer com a respiração. Você aprecia mais o seu período de prática, porque não é um momento no qual você continua com esse desfile exaustivo de autocrítica. Você relaxa com o que está acontecendo no momento, o que traz uma sensação de bondade e gentileza, e isso começa a se estender para além do tempo em que você passa na almofada de meditação. Sakyong Mipham Rinpoche disse, uma vez: "Quais são os sinais de que estamos progredindo? Nosso corpo, nossa fala e nossa mente se tornam mais gentis".[5] Sendo gentil e trazendo para a sua prática uma sensação de relaxamento com a respiração, você começa a perceber que o seu corpo

---

5 Sakyong Mipham Rinpoche, *The Shambhala Principle* (New York: Harmony, 2013), 52.

se torna mais gentil na forma de se mover pelo mundo, sua fala se torna mais gentil e mais prazerosa ao interagir com os outros, e sua mente incorpora essa qualidade básica.

Eu digo que a gentileza é uma qualidade "básica" porque, na perspectiva budista, ela é algo que existe naturalmente dentro de nós. No capítulo 8 eu vou falar sobre o conceito de permanência serena e o que a gente descobre quando nossa mente fica quieta, mas, para dar um gostinho, eu queria voltar mais uma vez à época do Buda. Quando ele alcançou a iluminação, ele viu as coisas como elas são. Ele viu que a Autoagressão é algo que criamos para nós mesmos, um comportamento aprendido que não faz parte do nosso estado natural. Da mesma forma, o medo, a ignorância, o orgulho e os vários outros estados nocivos que nós perpetuamos não são inerentes a quem somos. São coisas que aprendemos ao longo do caminho. O âmago de quem somos, de acordo com a experiência do Buda, é desperto e bondoso. Isso quer dizer que nós somos seres naturalmente sábios, valorosos, fortes e (acredite se quiser) gentis. Esses são os nossos direitos de nascença. A prática da meditação é simplesmente um processo de descobrir isso por experiência própria, de cultivar essas qualidades e agir a partir delas.

Se você não acredita em mim, tudo bem. Confie na sua experiência. Na minha isso se mostrou verdade. Hoje mesmo eu estava com meu afilhado e ele confirmou isso para mim. O Milo tem dois anos e meio. No entanto, em todas as vezes em que estive com ele, nunca o vi ser vítima da Autoagressão. Ele não sabe que deveria estar trabalhando mais horas ou ligando mais para sua mãe. Por que saberia? Ele não foi exposto a muitas expectativas sociais. Por enquanto, ele apenas é gentil consigo mesmo. E, sendo gentil consigo, ele aprendeu a ser gentil com os outros. Ele é um ser muito gentil. Eu imagino que, em algum momento, alguém vai dizer a ele que ele fez algo muito errado e essa sensação vai ficar com ele, que vai começar se culpar por isso. Mas, por enquanto, ele é a gentileza em pessoa. Isso me mostra, pela milionésima vez, que a gente nasce com essa qualidade.

Uma das maneiras que eu tenho visto a Autoagressão mostrar seus dentes é por meio de algo que chamo de "culpa budista". Não é tão diferente de pensar que você deveria estar trabalhando mais ou ligando mais vezes para a sua mãe. Na verdade, não é diferente daquilo que normalmente é chamado de "culpa judaica". É a noção de que você deveria estar meditando mais. É aquela sensação de desânimo quando você se compromete a meditar por onze dias consecutivos (como eu sugeri no capítulo anterior), mas no quinto dia alguma coisa acontece, você deixa de praticar e fica se sentindo uma pessoa idiota por isso. Esse é um momento no qual a Autoagressão pode saltar do arbusto e te massacrar: "Você disse que ia virar um meditante. Não durou nem cinco dias!".

Como Mulher (ou Homem) Gentileza, você vai ter de lutar contra essa versão específica da Autoagressão. Quando sentir alguma culpa budista por não estar meditando suficiente ou consistentemente, o truque é simplesmente sair do seu próprio pé. Em geral, esse é o meu conselho para quando você sentir que está criando alguma tensão e levando sua prática meditativa muito a sério. Aplique a gentileza pelo método de sair-do-seu-próprio-pé. Esse método consiste em desapegar-se daquela voz crítica dentro da sua cabeça e simplesmente aceitar que essa é uma prática difícil e que, presumindo que você tenha uma vida boa e longa, muitos outros dias virão nos quais você poderá praticar. Aplique a gentileza em todas essas áreas da sua vida e você vai ver que a sua prática se torna mais fácil, mais prazerosa, e que essa gentileza começa a se infiltrar no seu corpo, na sua fala e na sua mente mesmo quando você não está meditando. Dessa forma, você já está vendo os frutos do seu empenho meditativo. Meus parabéns!

SENTAR TIPO BUDA

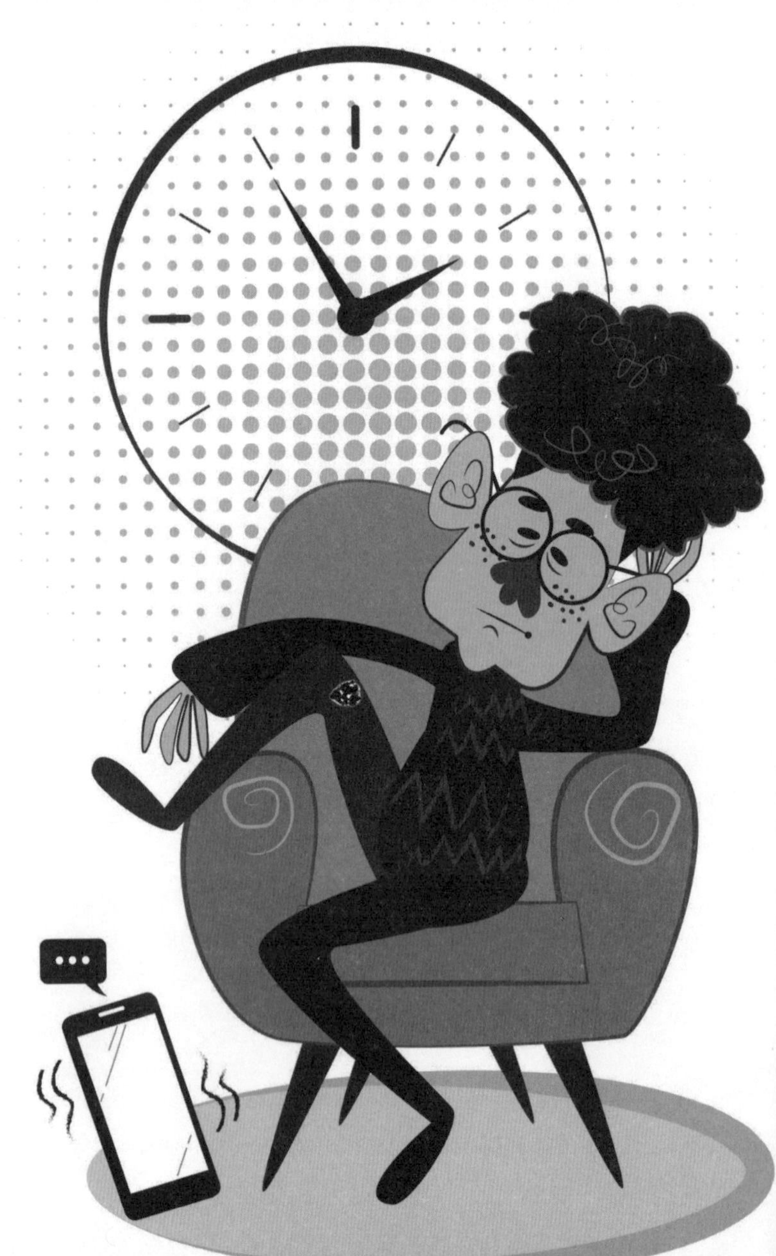

6º PASSO: SUPERE OS TRÊS OBSTÁCULOS PRINCIPAIS

Para variar um pouco, deixa eu dizer: meditação é difícil. Eu sinto que preciso continuar te lembrando disso para que você não se desencoraje. Não é que seja difícil para você – é difícil para todo mundo. É por isso que, nesse processo, eu falo logo sobre cultivar a qualidade da gentileza. É um aspecto fundamental do que a gente precisa cultivar para progredir ao longo do caminho. Para ser mais específico, a gentileza continua a ser importante quando a gente começa a encontrar os obstáculos mais comuns da prática.

No sistema tradicional, existem três obstáculos principais sobre os quais a gente pode refletir. É como se fossem grandes categorias nas quais a gente pode classificar qualquer coisa que surja para te distrair do ato de manter uma prática regular de meditação. Esses três obstáculos são: preguiça, correria atarefada e desânimo. Pode ser que você já tenha começado a meditar com alguma regularidade e encontrado esses obstáculos de alguma forma. Ou pode ser que amanhã você se sente para meditar e conheça os três pela primeira vez. Em ambos os casos, eles vão vir – então é melhor você já se familiarizar com todos eles e saber como superar cada um.

PREGUIÇA

Do ponto de vista da meditação, a preguiça costuma surgir como um sentimento de aversão à própria prática. Normalmente, ela surge na forma de "se convencer de que não precisa praticar". Pode ser algo tão simples como acordar pela manhã, ouvir o barulho da chuva batendo na janela, sentir o calor do seu cobertor e olhar com desdém para a almofada de meditação no canto do quarto. Essa almofada não é tão quentinha e acolhedora quanto a sua cama, e você merece mais uns vinte minutinhos de sono, então você chega à conclusão de que deveria simplesmente pular sua prática de meditação hoje. Isso é preguiça.

Ou, talvez, você fique viajando ao se sentar para meditar. Você se esquece de aplicar a técnica de permanecer com a respiração; ou talvez até comece a fazer isso, mas, assim que surge uma fantasia interessante, parece mais fácil se divertir com ela do que ficar aplicando a técnica de retornar, uma vez após a outra, para a sua respiração. Às vezes, quando se sentar para meditar, você vai ter uma experiência agradável. Outras vezes vai ser um saco permanecer com as instruções da meditação. Tanto uma quanto a outra acontecem com todo mundo e, portanto, não é nada incomum sentir um pouco de aversão ou preguiça como forma habitual de escapulir disso.

Caso você perceba que está tendo de se esforçar para chegar até a almofada, apenas se lembre de pegar leve consigo, abandonar qualquer julgamento e se empenhar um pouco além do que normalmente é confortável. Olhe como a primeira parte deste conselho serve para lidar com qualquer coisa que a Autoagressão esteja jogando no seu caminho. Pode ser que você sinta o calor confortável da sua cama, comece a se justificar, dizendo que não tem problema perder um dia de prática, e logo em seguida fique se culpando por pensar nisso. É nesse momento que você precisa se lembrar de sair do seu próprio pé e parar com o julgamento.

A segunda parte do conselho requer que você coloque os pés para fora da cama e se levante. Ter um pouquinho mais de empenho, além do seu nível normal de conforto, vai te ajudar a descobrir que isso faz você se sentir bem. É o mesmo princípio de ir à academia e levantar um pouco mais de peso do que o normal, ou correr um pouco mais rápido do que antes – esse nível de empenho é o contrário de ficar no seu lugar de conforto, mas depois de começar você vai se sentir muito bem! O mesmo conselho serve para quando você chegar até a almofada de meditação e perceber uma tendência a viajar ou esquecer as instruções. Volte para a respiração, uma vez após a outra. Faça isso com dedicação e você vai curtir cada vez mais a sua prática.

CORRERIA ATAREFADA

Nosso segundo grande obstáculo, a correria atarefada, é o oposto daquilo que a gente normalmente chama de preguiça. Eu ouvi esse termo pela primeira vez sendo usado pelo meu professor, Sakyong Mipham Rinpoche, e na hora eu senti que ele tinha acertado na mosca. A ideia é a seguinte: você sabe que quer meditar – definitivamente é algo que você quer fazer. Mas, ao acordar de manhã, você checa seus e-mails e então percebe que se atrasou para o trabalho e sai correndo, jurando que assim que chegar em casa vai meditar. Quando você está se preparando para sair do escritório, um amigo ou amiga te chama para conhecer o apartamento novo e você vai, dizendo mentalmente que, depois disso, com certeza vai meditar. Depois você chega em casa e, como passou o dia todo na rua, decide tomar uma chuveirada. Depois seu pai te liga e, como vocês não se falavam havia algum tempo, você decide conversar um pouco. Depois você checa seus e-mails de novo. Depois já são dez horas da noite e você precisa acordar cedo no dia seguinte, então se deita na cama, liga a TV e percebe que conduziu o seu dia de uma maneira que não deixou tempo para os dez minutos de meditação. Na manhã seguinte, você acorda tendo prometido não cometer esse erro de novo, mas o mesmo ciclo acaba se repetindo. Esse é um exemplo claro de correria atarefada.

Fala sério: você tem esses dez minutos da meditação. Todo mundo tem. A questão é que você passou o dia inteiro se convencendo de que não tem, dando prioridade a qualquer outra coisa que não fosse a sua prática. Na verdade, sentar e praticar teria consumido menos tempo do que gastar toda essa energia mental se convencendo de que não dava para fazer. Isso é a correria atarefada, uma forma de utilizar meios conceituais para evitar a prática – o que pode ser bem exaustivo.

A correria atarefada é uma das razões para eu recomendar que as pessoas criem alguma consistência bem no começo da prática de meditação. Se você tiver um lugar específico pronto para meditar, isso serve como um impulso extra para te convencer a sentar e praticar, e te impede de achar que não tem tempo suficiente para arrumar seu espaço de meditação. Outra maneira, por exemplo, é definir que você vai meditar todos os dias, de segunda a sexta, depois do café da manhã – isso faz com que você organize a sua agenda para incluir a prática. Dessa forma, a meditação não vai ficar em segundo plano, como ficaria se você só definisse que vai meditar pela manhã. Se você praticar dez minutos de forma consistente e estabelecer um ritmo diário durante um período de tempo, sua prática vai começar a virar um novo hábito que você vai acoplar à sua vida, assim como você fez com outros hábitos (tomar banho e se vestir, por exemplo). Para superar a correria atarefada é importante especificar bem quando for definir esses compromissos. A consistência é um dos melhores antídotos para esse obstáculo complicado.

DESÂNIMO

O desânimo é considerado o terceiro obstáculo da meditação. Como o caminho meditativo é uma coisa gradual, é comum as pessoas desanimarem, porque pode levar semanas ou meses para elas começarem a notar que estão mais presentes ou mais calmas. É muito comum, quando as pessoas notam que não estão imediatamente em paz depois da primeira semana de prática consistente, pensar que a prática não está funcionando ou que elas não estão praticando direito. Isso também é algo normal. Mas os efeitos da meditação são sutis e leva algum tempo até que eles se manifestem fora da almofada – portanto, até lá a gente precisa trabalhar para superar esse obstáculo.

O principal antídoto para o obstáculo do desânimo se baseia na primeiríssima coisa que a gente conversou, lá no começo do livro: a gente precisa ter uma intenção forte para a nossa prática. Em um primeiro momento, nossa intenção pode ser não querer carregar tanto estresse no nosso corpo o tempo todo, ou querer aprender a lidar com as emoções de uma forma saudável. Seja qual for, quando a gente estiver desanimado, esse simples lembrete de um "porquê" é o que vai fazer a gente levantar a bunda da cadeira e ir para a nossa almofada de meditação.

Esse antídoto é meio parecido com aquela conversa que o treinador tem com o time no intervalo do jogo (e que aparece em todo filme de esporte). Você está no vestiário, totalmente para baixo porque o outro time, o Desânimo, está te dando uma coça. Então o treinador (que, na verdade, é você se olhando no espelho) olha no fundo dos seus olhos e diz: "Olha aqui. Você sabe por que está nesse jogo. Foque nesse motivo. Repita em voz alta. Mantenha no seu coração. Agora volte para aquele campo e dê o seu melhor". Lembrar o motivo de ter entrado no jogo é o que te enche de energia quando você sente algum desânimo.

Se quiser, você pode até dar uma olhada no espelho quando se sentir assim. Para mim, nem precisa ser na frente do espelho. Quando eu me sento para meditar, basta dizer em voz alta a razão pela qual eu estou ali, ou escrever em um papel, e tem o mesmo efeito. Eu me lembro do que é importante, da minha motivação para fazer essa prática, e isso supera qualquer sentimento de desânimo que possa surgir.

Eu particularmente descobri, ao longo dos anos, que a meditação fez de mim uma pessoa melhor e mais presente. Ficou bem mais tênue a linha entre estar presente com a minha respiração e estar presente com a minha família e com os meus amigos – isso se tornou um instrumento por meio do qual eu consigo estar no meu corpo e no meu mundo.

Se você passou meio rápido pelo primeiro capítulo, eu te aconselho a contemplar essa questão de "Por que eu medito?". Se você já está meditando há algum tempo, a esta altura pode ser útil checar de novo e refazer essa pergunta. Talvez, no começo, você tenha se motivado a começar a praticar para ter menos estresse, mas pode ser que, aos poucos, sua perspectiva tenha mudado e você já consiga enxergar o impacto positivo que a meditação está tendo na sua vida. Sua própria motivação pode mudar, e agora talvez você pense: "Eu quero estar mais presente com os outros, porque sei que nesses momentos eu me sinto mais feliz" ou "Como resultado dessa prática, eu quero ser capaz de beneficiar o mundo".

Quando você estiver na pior, pensando como a prática é difícil, esse simples passo de lembrar o seu próprio "porquê" vai te levar de volta à almofada de meditação e te fazer curtir de novo a sua prática. De certa forma, isso nada mais é do que aguentar firme ao longo dos momentos em que a sua prática parece estar se arrastando. Não existe uma pílula que a gente possa tomar ou um mantra para recitar que magicamente torna a meditação fácil e afugenta o desânimo para sempre. A gente tem de permanecer com a prática até que o desânimo perca sua força e seja possível lembrar, mais uma vez, o motivo da meditação ser algo essencial para o que a gente quer cultivar nas nossas vidas.

Uma vez perguntaram ao mestre zen Suzuki Roshi: "O

que é nirvana?". Ele deu uma resposta muito direta, que parece ser justamente a respeito desse obstáculo específico. Ele disse: "Fazer uma coisa até o fim". Quando você sentir algum desânimo, lembre-se de que despertar não é algo tão difícil, no grande esquema das coisas. É simplesmente fazer uma coisa até o fim. No nosso caso, essa "uma coisa" é começar e manter uma prática de meditação.

A preguiça, a correria atarefada e o desânimo vão surgir para todo mundo. Como eu disse antes, elas são categorias gerais para milhares de obstáculos que podem aparecer. O fato de aparecerem não é algo ruim em si – eles estão testando a força da nossa prática. Se a meditação fosse sempre bonita e fácil, isso seria sinal de uma mente que já encontrou a paz.

Não sei quanto a vocês, mas eu acredito que os obstáculos que surgem na minha prática, na verdade, são lembretes gentis de que, nesse caminho de domar a mente, eu ainda tenho um bom chão para trilhar – e é importante que eu caminhe. Os obstáculos servem como placas de sinalização ao longo da nossa jornada espiritual, e cada um deles aponta o caminho para a gente se familiarizar mais com a própria mente. Esse é o objetivo da prática e, portanto, os três obstáculos fazem parte do que é necessário para se tornar um meditante, ou uma meditante, hábil. Agora, vamos dar uma olhada em outro aspecto que também pode ser difícil durante a meditação: trabalhar com as emoções.

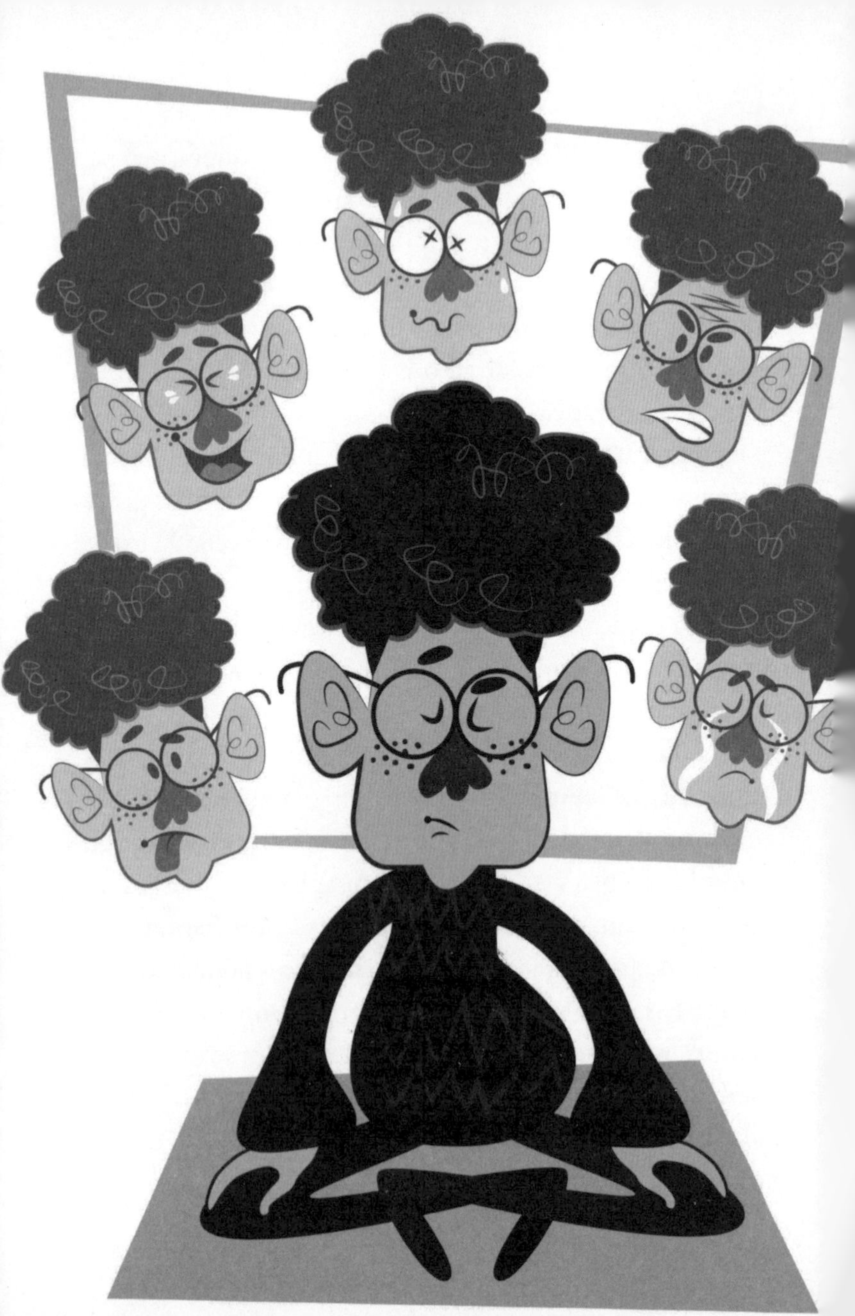

7º PASSO:
TRABALHE COM AS SUAS EMOÇÕES

Quanto mais nos engajamos na prática de meditação, mais começamos a vislumbrar os diversos elementos da nossa própria mente. De acordo com a perspectiva budista, nossa mente é fundamentalmente aberta, clara e neutra. Ao mesmo tempo, a mente também cria pensamentos, fantasias e emoções. Não devemos pensar que os nossos momentos de paz são os períodos "bons" de meditação e que aqueles momentos em que a gente se perde nos pensamentos são "ruins". Tanto um quanto o outro são parte da manifestação energética da nossa mente. O que quer que surja é perfeito, porque é o que está acontecendo na nossa mente naquele dia.

Quando você se sentar para meditar, repare que vai aparecer um enxame de pensamentos sobre a sua vida e o seu cotidiano. É meio como parar em uma calçada cheia e simplesmente ficar ali, em pé. Antes você não notava a rapidez da cidade, mas, agora que você não está mais participando dela, tudo parece rápido demais. A mesma sensação dessa experiência pode surgir quando você se sentar para meditar ao fim de um dia corrido. Você está dando uma pausa em meio à tempestade, mas tudo faz parte da sua mente.

Outras vezes, sua intenção é meditar com a respiração, mas, assim que você começa, uma fantasia te distrai. Pode ser que você tenha começado a planejar uma conversa que precisa ter em breve ou um relatório que tem de entregar no trabalho, ou talvez você tenha repassado uma noite romântica com alguém que te atrai – e, antes que você perceba, minutos inteiros se passaram e você não estava meditando nem um pouco. Essas fantasias também fazem parte da manifestação energética da sua mente.

Pode ser que, quando você se sentar para meditar, seus pensamentos sejam algo menos distrativo do que essas fantasias completas. Você pode ter pensamentos discursivos, como "Eu deveria fazer mais exercício", e imediatamente pensar sobre como não gosta de ir à academia, o que te faz pensar naquela sua amiga que se ofereceu para ser sua *personal trainer*, o que te faz pensar no fato de que ela está namorando um cara que você não acha legal, o que te traz o sentimento desesperador de que, se ela não consegue encontrar um cara legal, suas chances são inexistentes – e assim por diante. Sua mente está voando por aí como um beija-flor ao redor de uma poça de água doce: animada, mas sem foco. Ainda assim, é só a sua mente. Com todos esses tipos de pensamento, a técnica básica de reconhecer, rotular como "Pensamento" e voltar para a respiração é o que vai fazer com que eles acabem se dissolvendo. Você vai conseguir voltar para a respiração, embora isso talvez demore mais do que você gostaria.

Alguns pensamentos podem ser ainda mais sutis do que esses que eu mencionei até agora: eles podem ser a respeito da própria prática de meditação. Você pode estar na almofada pensando: "Será que eu estou fazendo isso direito?", ou "Minhas costas estão doendo", ou "Eu estou respirando normalmente?". Esses pensamentos são tão sutis que provavelmente vão surgir e se dissolver sem que você precise fazer muita coisa. Pode ser que você nem precise rotular como "Pensamento", basta observar como eles flutuam para longe por conta própria. Eles estão apenas passando pela sua mente sem que você tenha de fazer nada.

Um dos tipos de pensamento mais difíceis de lidar durante a prática de meditação é aquele que se encaixa na imensa categoria conhecida como "emoções". As emoções surgem de todas as formas e tamanhos, mas no fim das contas elas são pensamentos – embora sejam pensamentos com uma grande quantidade de energia por trás. Às vezes a gente sente uma emoção, como um amor recente, que deixa o nosso corpo leve, a ponto de parecer que a gente está ventando vida afora. Tem emoções, como a mágoa, que fazem a gente afundar dentro de si, a ponto de sentir que mal consegue sair da cama. Às vezes uma emoção parece fluida e aberta, indo e vindo através do nosso ser. Outras vezes a gente é fisgado por uma emoção forte e se sente arrastado por uma coleira, como se fosse um cachorro. É bem mais difícil, com qualquer uma dessas emoções, dizer "Pensamento" e voltar para a respiração.

Normalmente, as emoções mais fortes que surgem com frequência na almofada de meditação são do tipo que fisgam a nossa mente e partem em uma viagem louca para longe da permanência no momento presente. Essas emoções presas são chamadas de *klesha* em tibetano, uma palavra que pode ser diretamente traduzida como "emoções aflitivas". São aquelas que, quando surgem (seja durante a prática ou ao longo do nosso dia a dia), fazem a gente se sentir energeticamente sugado. É tipo quando você tem uma discussão com seu parceiro ou parceira e não consegue parar de rever a cena na sua cabeça: o que você poderia ter dito de outra forma, ou o que você vai dizer para provar que tem razão... Quando essa narrativa passa na sua mente, ela segue abastecendo a emoção por trás (raiva ou desconforto). Você se mantém girando nessa espiral a ponto de sentir que está se afligindo com essa negatividade. No fim, você sente que algo te sugou e deixou uma certa letargia, ao ponto de você se perceber incapaz de se conectar com a sua própria vida – e, ainda mais, de apreciá-la.

Para aprender a não se fazer mal, você precisa aprender a trabalhar com as emoções – começando pelos momentos em que elas surgem durante a prática de meditação. A chave desse trabalho é bem simples: permanecer com elas, permitindo que passem através de nós como uma nuvem passa pelo céu. Em vez de extravasar ou reprimir, buscamos reconhecer essas emoções como pensamentos poderosos que, em última instância, são efêmeros.

Trabalhar com as emoções em público, quando você está seguindo sua vida cotidiana, significa que você não dá vazão a um impulso qualquer apenas para satisfazer o seu apetite emocional. Quando seu parceiro ou parceira estiver com raiva e você sentir que quer reagir de forma raivosa, por exemplo, controle essa vontade de extravasar e seguir pelo caminho habitual com aquela pessoa.

Outro exemplo: imagine que você está andando pela cidade e vê um casaco que queria comprar. Você sente o desejo surgindo, imediatamente seguido pelo impulso de comprar aquela roupa. Você precisa dela agora. Mas aí você nota que ela está muito acima do seu orçamento. Será que você deveria ceder ao seu impulso emocional, acabar ficando sem dinheiro e, embora elegante, se sentindo meio mal da próxima vez que quiser gastar com algo que seja mais importante para você? Ceder ao seu impulso emocional vai levar a um comportamento pouco inteligente, no qual você faz mal a si mesmo. Então, a melhor coisa a fazer é não extravasar e, em vez disso, controlar-se quando surgir o impulso que vem com essa emoção. Embora certamente existam emoções mais conflituosas do que o esforço para evitar uma compra impulsiva, esse é só um exemplo de como, a qualquer momento, a gente pode ser fisgado por uma emoção – e se arrepender depois. É melhor prestar atenção e não seguir pelo caminho de sempre.

A disciplina básica que surge com a prática de meditação é a capacidade de conseguir perceber quando a gente está preso. Se você se enrolou em uma fantasia e percebe isso, você diz: "Ah! Eu deveria voltar para a respiração". Por ter se disciplinado o suficiente para lembrar as instruções de permanecer com a respiração, você está indo além do impulso habitual de ser cúmplice daquela fantasia. Ao longo do tempo, essa disciplina vai se manifestar fora da almofada, quando você perceber que uma emoção está te fisgando em algum outro momento da sua vida. Em vez de ser cúmplice, você se afasta da situação – ou então não responde da maneira habitual. Isso é renúncia.

Ao usar o termo *renúncia* dessa forma, a gente não está reprimindo ou empurrando a emoção para longe. Como disse o professor budista tibetano Chögyam Trungpa: "Nesse caso, renúncia significa superar essa mentalidade dura, rígida e agressiva que espanta qualquer gentileza que possa chegar ao nosso coração"[6]. Você não precisa adotar uma atitude de julgamento extremo, pensar "Não se sinta assim, idiota!" e fugir dessa experiência potente. Mas você também não precisa esconder isso debaixo do tapete, fingindo que a emoção não existe. Você usa a disciplina da sua prática de meditação e simplesmente repousa no que é, mesmo que seja uma experiência emocional difícil.

Essa maneira de trabalhar com as emoções no dia a dia tem suas raízes na prática interna de trabalhar com elas na almofada de meditação. Dia após dia, sessão após sessão, a gente aprende a trabalhar com a energia da emoção como sendo uma experiência transformadora. A gente está se familiarizando com nosso próprio bem-estar emocional e vendo que o que quer que surja, seja uma emoção socialmente considerada "boa" (como o amor) ou "má" (como a tristeza), ela é apenas um reflexo da nossa própria mente.

Você está aprendendo que não precisa sair correndo da

---

6 Chögyam Trungpa Rinpoche, *The Collected Works of Chögyam Trungpa*, vol. 8 (Boston: Shambhala Publications, 2004), 396.

sessão de meditação para falar com a pessoa que te deixou triste ou por quem você se apaixonou. Mas também não precisa esmagar essa tristeza ou esse amor só porque são coisas assustadoras; você pode simplesmente continuar sua prática. Você pode simplesmente permanecer com isso e manter seu foco na respiração. Repouse em qualquer emoção que surja. Essa é a sua prática.

Eu sempre converso com pessoas que dizem que isso é ótimo e maravilhoso, mas que acabaram de ser abandonadas pelo parceiro ou pela parceira e simplesmente não conseguem ficar com a emoção da tristeza. É demais para elas. Eu descobri, por experiência própria, que normalmente o que a gente quer dizer não é que não consegue ficar com a mágoa. É que a gente se prende nas narrativas que existem ao redor daquela emoção. Não é como se você se sentasse para meditar e sua mente imediatamente dissesse: "Ai, meu coração!" – ou, caso isso aconteça, dura apenas um instante. A questão é que é algo tão sensível que é difícil permanecer com isso. Então a nossa mente prepara a distração mais forte que ela consegue imaginar e diz: "Pronto, olha aqui o motivo de toda essa tristeza ter acontecido". "Eu pensei que tudo estava indo bem, mas obviamente ele tinha algumas questões mal resolvidas com a ex." "Ela se preocupa demais com a própria carreira, ela nunca conseguiria diminuir o ritmo e ter uma família." Sejam quais forem as possibilidades imaginadas, é assim que emoções aflitivas conseguem nos fisgar e levar para um passeio pela cidade – por meio da narrativa que acompanha aquela emoção.

Meu conselho para qualquer pessoa que esteja nessa situação, ou que esteja trabalhando com alguma outra emoção tão visceral assim, é simplesmente abandonar a narrativa. Uma vez após a outra. Debaixo dessa historinha é que está a emoção crua que precisa ser vista. Quanto mais você consegue permanecer com essa emoção, menos aflitiva ela se torna. Ela se suaviza e se torna muito mais efêmera, conforme você consegue repousar com ela. Em essência, você está se ancorando no seu próprio corpo e aprendendo a permanecer com o que é, não com o que poderia ser. A pergunta "Por que ele ou ela me abandonou?" pode virar "Onde eu estou preso ou presa?", ou talvez "Essa emoção está parada ou se movendo?", ou ainda "Ela é grande ou pequena?". Ter mais curiosidade sobre a experiência emocional faz com que o poder dela diminua. Isso é uma prática de *gom*: familiarizar-se consigo de forma profunda e formidável.

A prática de trabalhar com nossas emoções mostra que elas não são obstáculos, ou algo a ser evitado ou superado – elas são o método para que a gente possa se conectar mais profundamente com o nosso corpo e a nossa mente. Estamos aprendendo a permanecer com as emoções, usando a curiosidade e a gentileza. Não é preciso julgar e pensar que elas estão atrasando a nossa prática. Se tivermos mais curiosidade a respeito delas e abandonar a narrativa em volta, vai ser possível aprender mais sobre nós mesmos e sentir o gostinho da sabedoria que se encontra além dessa camada de conceitos.

A gentileza é o que nos permite não rejeitar nossa experiência atual. A habilidade da mente de estar atenta e presente é o que nos impede de vagar pelos infindáveis corredores do passado e do futuro. A curiosidade é o que sustenta nosso frescor e o nosso interesse em relação ao que quer que surja aqui e agora. Podemos ficar presentes e aprender com qualquer emoção que surgir. Podemos deixar que ela seja nosso guia e nos leve cada vez mais perto do âmago do que somos: seres despertos. Nesse sentido, vamos agora explorar essa parte de nós mesmos, nossa natureza de permanência pacífica.

SENTAR TIPO BUDA

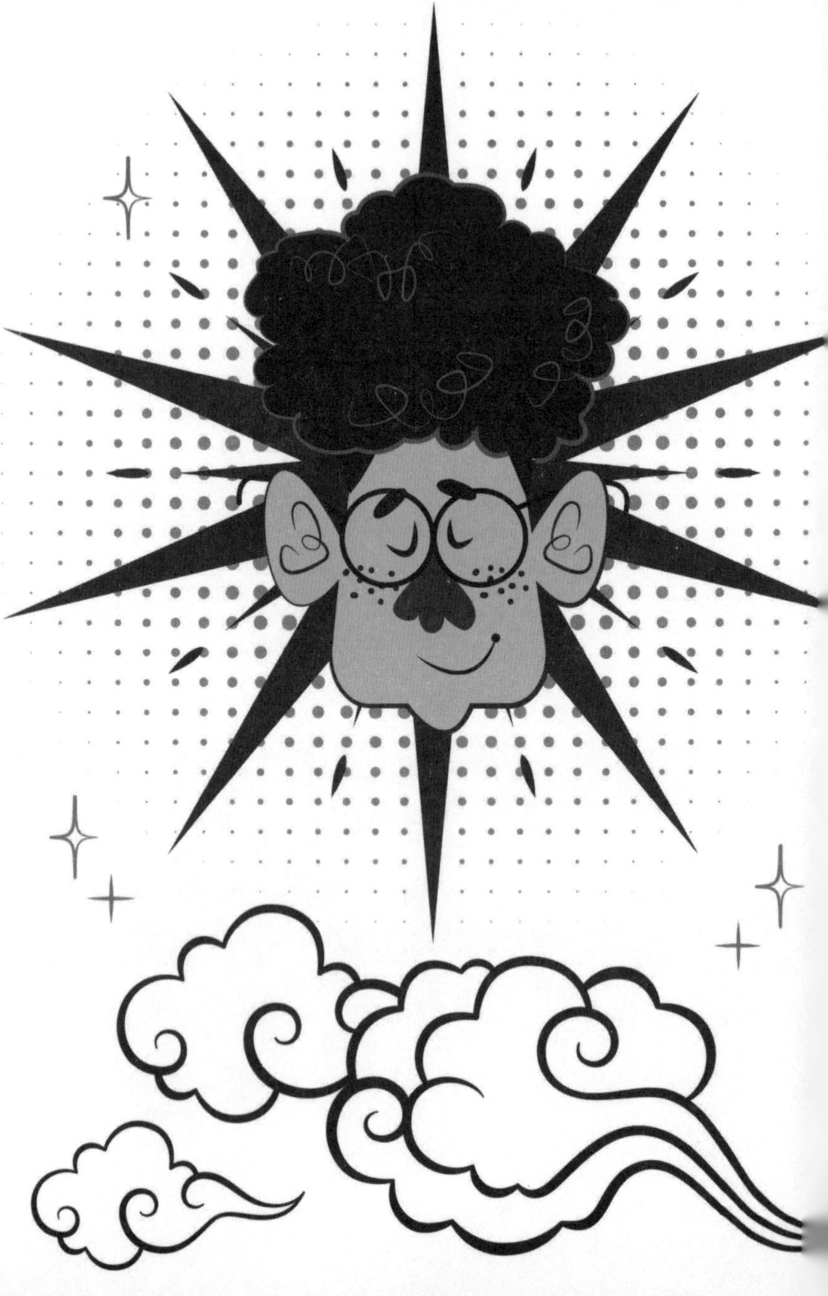

8º PASSO:
DESCUBRA A PAZ

Depois de ter começado a meditar regularmente, colocando gentileza nas suas experiências ao lidar com obstáculos e emoções, talvez você tenha tido momentos nos quais sentiu paz durante a prática. Você tem dedicado seu tempo a aprender a acompanhar as idas e vindas naturais da respiração e a relaxar plenamente no seu corpo enquanto faz isso. Como resultado, pode ser que tenha ocorrido um momento no qual você percebeu que algo estava diferente. Nesse momento, você pode ter descoberto que, por baixo do redemoinho torrencial de pensamentos e emoções, se encontra aquilo que é chamado de natureza de permanência pacífica.

Originalmente, eu tinha pensando em mencionar esse âmago de permanência pacífica no início do livro. No entanto, é melhor ter uma experiência desse estado do que uma ideia teórica do que ele é. Minha esperança é que, a esta altura, você possa ter uma noção prática disso, em vez de achar que a gente está discutindo sobre filosofia. Se você ainda não teve um momento no qual se sentiu em paz durante a prática, pode confiar em mim: você vai ter.

Esse estado de permanência pacífica é o que você naturalmente é. Ele é o cerne de quem você é – e não é só você que tem isso, mas todas as pessoas. Todo mundo tem essa lucidez natural. Em sânscrito, esse estado pacífico é chamado de *tathagatha-garbha*, o que pode ser traduzido como "natureza de buda": a noção de que, assim como o Buda, você possui a semente para despertar, de uma forma profunda e vasta, para a sua vida e para o seu mundo. Você compartilha do mesmo potencial que ele, porque o seu ser é naturalmente pacífico.

Pode ser que, de vez em quando, você duvide dessa afirmação, o que é totalmente compreensível. A gente gasta grande parte do nosso tempo duvidando disso. O que mais acontece é pensar que a nossa natureza básica é confusa, agressiva e defeituosa. É nesse lugar que a gente gasta a maior parte da nossa energia mental, né? Eu me lembro de que, bem no começo do meu treinamento de meditação, um professor mencionou que esse estado pacífico é parecido com o Sol brilhando no céu. Ele sempre está lá, luminoso e radiante. No entanto, por várias vezes, ele fica coberto por nuvens. Essas nuvens vêm e vão, assim como os nossos pensamentos e nossas emoções ácidas, mas às vezes elas ficam tão espalhadas que o Sol não consegue exibir seu brilho radiante. O Sol é o nosso estado básico, nossa lucidez. Embora frequentemente fique bloqueado por obscurecimentos transitórios, isso não quer dizer que ele não está brilhando ou que não está sempre presente.

Outra maneira de enxergar esse estado inato de lucidez é saber que somos basicamente bons. "Bondade básica" é um termo muito utilizado na tradição budista Shambhala, no sentido de afirmar que, quanto mais familiaridade tivermos com a nossa lucidez, mais vamos entender que somos fundamentalmente gentis, fortes e sábios. Em algumas tradições religiosas existe uma crença de que você é originalmente mau, ou fundamentalmente pecaminoso. Isso é o exato oposto do que eu estou dizendo. Em nosso cerne, nós somos despertos e bons. Isso é nosso direito natural. Isso é quem somos.

Quando comecei minha prática de meditação, eu não percebi que isso era um ponto importante. Eu pensava que a prática que a gente está aprendendo era algo que me acalmava – e que, se isso me levasse a estar mais presente na minha vida cotidiana, seria legal também. No entanto, ao longo do tempo eu descobri que o caminho como um todo consiste em descobrir sua lucidez inata e agir a partir dela. É isso. Você não precisa fazer mais nada. Se você se lembrar só de uma coisa deste livro, espero que seja a noção de que você já é uma pessoa boa e desperta – só precisa descobrir, por conta própria, essa paz.

Neste momento, eu imagino que você já esteja pronto para seguir em frente. "Paz. Beleza. Entendi." Mas eu acho necessário aprofundar esse ponto, porque desde que você era criança a sociedade sussurrou no seu ouvido a antítese do que eu estou tentando enfatizar. Com cartazes de propaganda, revistas e expectativas sociais em torno de sua educação e sua carreira – o que foi dito, de forma contínua, é que você não é uma pessoa boa o suficiente. Você não merece muita coisa. Você precisa de conserto.

Então, uma solução mágica é apresentada a muitos de nós. Em resposta à mentalidade de pobreza que se entranhou em nós pela sociedade, a gente ouve mensagens sobre como "melhorar". Na cultura da propaganda, especificamente, oferecem a ideia de que, se a gente comprar essa nova maquiagem ou esse iPad ou aquele brinquedo, todos os nossos problemas vão se resolver. Em outras palavras: fomos condicionados a buscar a bondade e a completude fora de nós. Disseram que, para ser verdadeiramente feliz, a gente precisa de circunstâncias externas – seja um novo emprego, um produto que a gente possa comprar ou até mesmo um relacionamento amoroso.

Sinto muito te dizer que isso não é verdade. O novo emprego vai te trazer tanto estresse quanto o outro (ou até mais), ou você vai precisar trabalhar mais horas por semana, ou não vão te valorizar tanto quanto você esperava. Qualquer produto que você comprar vai quebrar, ou você se cansará dele, ou uma nova versão será lançada daqui a seis meses e o seu vai ficar ultrapassado. Passar tempo com a pessoa que você ama pode ser agradável, mas no fim vocês vão se separar: seja pelo término ou pela morte – e ambos podem ser traumáticos. Portanto, se acha que dá para buscar a felicidade eterna nas circunstâncias externas, você está a caminho da decepção.

Essa foi a notícia ruim – conseguir um novo emprego, comprar algo novo ou namorar uma nova pessoa não são coisas que vão te trazer a felicidade eterna. Mas eu também tenho boas notícias. Vou deixar o Chögyam Trungpa Rinpoche te contar, porque eu acho que ele deu a melhor explicação em um de seus livros: "Essa é a notícia realmente boa: nós somos intrinsecamente buda, ou intrinsecamente despertos, e somos intrinsecamente bons".[7] Se a gente conseguisse de fato acreditar nisso ou – melhor ainda – ter a experiência disso, a gente estaria em boa forma. A felicidade não é algo inatingível, ela se baseia em estar com a sua experiência existente, o que significa estar com sua lucidez inata. Você pode encontrar contentamento neste exato instante. Você pode se apreciar neste momento. E isso tudo só é possível porque você possui essa bondade básica.

Eu não estou apenas me aventurando pelo campo da filosofia

---

7 Chögyam Trungpa Rinpoche, *The Heart of the Buddha* (Boston: Shambhala Publications, 2010), 6.

budista. Estou afirmando que essa ideia de bondade básica, ou lucidez inata, pode e vai ser experimentada por meio da prática da meditação. E ela pode ser experimentada mais plenamente quando a gente desacelera a ponto de sentir a paz natural. Essencialmente, estamos subindo até o céu e afastando as nuvens, não deixando que elas fiquem no caminho do Sol, por meio da ferramenta da meditação. A gente volta para o momento presente, uma vez após a outra – e isso é como assoprar as nuvens para longe. Deste modo, podemos revelar o que está por trás: o Sol radiante, o nosso estado de permanência pacífica.

Nesse sentido, a meditação é um caminho extremamente prático rumo à conclusão de que a gente não precisa consertar ou melhorar nada. A gente já tem a bondade básica – só falta descobrir essa verdade. Chögyam Trungpa, no mesmo livro que eu citei antes, chamado *The Heart of the Buddha*, segue: "O ponto importante para nós é compreendermos que somos basicamente bons. Nosso único problema é que às vezes não reconhecemos de fato essa bondade".[8] A gente não precisa sair correndo para adquirir a bondade básica ou a paz. Isso tudo é descoberto dentro de nós, dentro do momento presente. Tudo o que a gente precisa fazer é reconhecer essa experiência.

Depois de reconhecer esse estado pacífico, a meditação fica mais fácil. Talvez antes você estivesse dizendo: "Eu aposto que esse negócio de meditar vai me ajudar a me acalmar". Agora você

---

8 Ibid, 193.

diz: "Eu tive uma experiência de estar com o que é. Eu vislumbrei esse estado pacífico. E quero fazer isso de novo". Você passou da atitude de intencionar para a de experimentar. Agora, quando estiver sentindo desânimo, você não precisa gerar um monte de atividade mental para ter a motivação de se sentar na almofada de meditação. Basta refletir sobre a sua própria experiência e reconhecer que você quer continuar a cultivar essa maneira de ser.

A experiência de um momento de paz, durante a prática da meditação, é uma motivação maior para continuar no caminho do que qualquer outra que eu posso oferecer neste livro. Eu te ofereço palavras, e você pode escolher acreditar nelas ou não. Quando você tiver uma experiência de paz, isso será uma convicção de verdade. Na tradição budista, essa convicção é o que se chama de "fé". Não é ter fé na habilidade de outra pessoa em te comunicar a experiência dela. É ter fé em si mesmo, na sua própria experiência de paz. Aprofundar essa fé é algo que vai te ajudar imensamente a continuar com a sua meditação depois de terminar este livro.

A beleza da prática meditativa (e um assunto que a gente vai discutir nos últimos capítulos deste livro) é que frequentemente ela vai se manifestar na sua vida fora da almofada. Conforme você segue com seu dia e nota que está muito presente durante uma refeição, você pode pensar: "Olha. Isso é uma refeição boa, mas também é um instante de paz". Esse é um momento no qual você revela a sua natureza básica, no qual você se torna capaz de relaxar a ponto de expor o seu ser brilhante e radiante. É também nesses momentos que você desenvolve ainda mais fé na sua própria experiência de como a meditação está te ajudando a progredir na sua jornada espiritual. Eles vão acontecer ao longo da sua vida – e não apenas na almofada.

Quando você aprende a se conectar, uma vez após a outra, com a sua bondade básica, você também começa a reconhecer essa bondade nos outros. Você começa a enxergar que a outra pessoa tem o potencial de estar tão presente e ser tão pacífica quanto você. Falando nisso, tem outra boa notícia que eu quero te dar: como todas as pessoas são inerentemente despertas, dá para lidar com qualquer coisa. Se eu tivesse de resumir em um conceito o caminho espiritual de lidar com as outras pessoas, eu diria que, se a gente conseguir ter convicção na nossa própria bondade – e na bondade delas –, a gente sempre terá o potencial de se conectar com elas de forma genuína e respeitosa.

Uma palavra que meu professor Sakyong Mipham Rinpoche tem usado muito nesse contexto é "merecimento". Se você é um ser basicamente bom, isso significa que não há nada de inerentemente errado com você. Portanto, você merece toda e qualquer coisa. Isso também pode ser dito a respeito do seu parceiro ou da sua parceira, do seu chefe, ou daquele vizinho que você não suporta porque vive colocando música alta. Eles possuem o mesmo núcleo de permanência pacífica. Pode ser que nem sempre eles ajam a partir desse lugar radiante. Talvez eles constantemente acumulem nuvens de confusão em torno de si e ajam de formas prejudiciais. Ainda assim, eles possuem o mesmo potencial de despertar para sua própria natureza bondosa.

Se você conseguir ter fé na sua bondade, será mais fácil enxergar isso nos outros. Dessa forma, você não vai ao encontro das pessoas em uma frequência vibracional de "*Você é um obstáculo para a minha felicidade*", mas sim de "*Eu mereço. Você merece. Existe um potencial de conexão entre nós*". Reconhecendo a bondade em si e nos outros, você oferece uma plataforma aberta e espaçosa na qual pode haver uma interação genuína.

Você decide como quer ver o mundo. Você pode ignorar esses momentos de paz e acreditar no ponto de vista da sociedade, que diz que você é basicamente um ser defeituoso que precisa de conserto. Você pode continuar a tomar refúgio nas circunstâncias externas, que vão desde novas promoções na sua carreira, novos produtos para comprar, ou até mesmo novas pessoas para namorar, e ver se isso funciona bem para você. Ou então você pode usufruir desses momentos de paz e, descobrindo seu estado natural, tomar a decisão consciente de cultivar a sua convicção dessa experiência. Tendo fé na descoberta do seu estado de permanência pacífica, você pode aprender a apreciar a sua vida e o seu mundo.

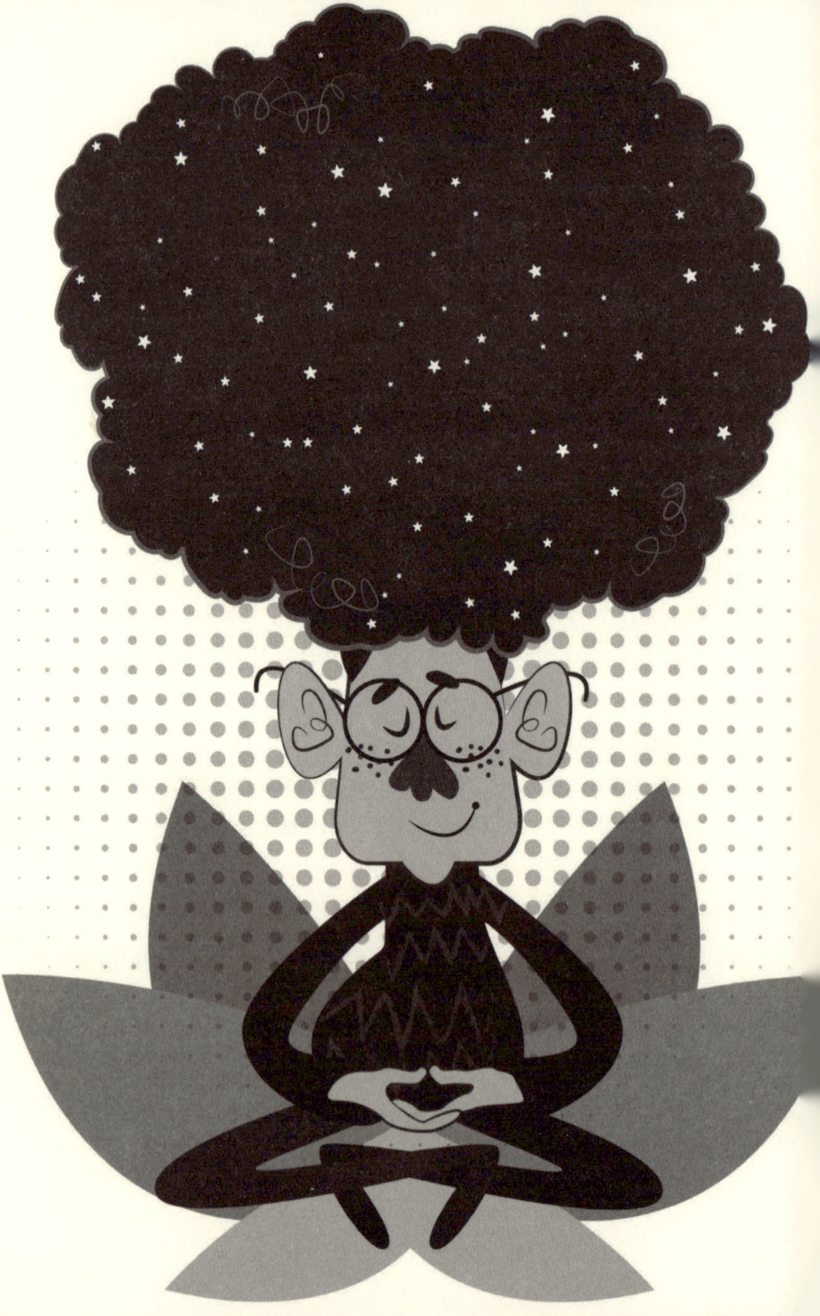

9º PASSO:
VIRE UMA PESSOA DHÁRMICA

Parabéns! Agora você já sabe o básico! Você sabe como meditar, sabe por que medita e provavelmente já está começando a ver que meditação não é só se sentar em uma almofada – é um treinamento para viver seus dias de uma forma mais presente e desperta. Eu quero aproveitar este momento para enfatizar justamente isso: como ser uma pessoa mais desperta fora da almofada de meditação.

Começar uma prática de meditação tem muito a ver com a sua forma de manifestar, fora da almofada, as qualidades que você está cultivando. Em outras palavras, é fácil estudar o *dharma*, os ensinamentos oferecidos pelo Buda, mas incorporar isso na sua vida é algo totalmente diferente. Pode ser que, por meio da prática regular de meditação, você tenha começado a perceber algumas mudanças sutis na sua vida. Talvez você tenha permanecido mais presente quando a pessoa com quem você estava saindo ficou falando sobre si. Talvez você venha sendo mais gentil com a sua mãe. E talvez isso se deva ao fato de que você está meditando. Nesse sentido, você já está se tornando alguém que incorpora a prática meditativa – você está se tornando uma pessoa dhármica.

Tornar-se uma pessoa dhármica não significa assumir uma "pose" e tentar se apresentar como algo que você não é. Só porque você está meditando, não quer dizer que você se iluminou – ou que você é algum tipo de guru que enviaram para salvar todas as pessoas de suas próprias mentes confusas. Quer dizer apenas que você está trabalhando consigo e – essa é a parte importante – se tornando ainda mais você. A ideia de se tornar uma pessoa dhármica é exatamente essa: é um processo de ficar mais confortável consigo, mais consciente de quem você é e de sua capacidade inata de despertar. É isso que significa a expressão "incorporar os ensinamentos".

Em 1979, Chögyam Trungpa Rinpoche deu uma palestra na qual esclareceu o que significa se tornar uma pessoa dhármica. Ele usou como referência uma série de ensinamentos tradicionais da linhagem Kagyu do Budismo Tibetano. Essa linhagem é muito antiga, e eu acho os ensinamentos e exemplos de seus membros extremamente profundos. Nesse caso, Trungpa Rinpoche traduziu uma lista de qualidades que a pessoa dhármica incorpora, nos oferecendo um mapa para seguir rumo a nos tornar esse tipo de pessoa. Sem mais delongas, aqui vão as setes qualidades de uma pessoa dhármica, conforme ensinado por Trungpa Rinpoche.

IMPASSIBILIDADE

Eu admito que, à primeira vista, o termo *impassibilidade* pode causar certa confusão. Dizer que a pessoa dhármica é impassível não é dizer que ela não sente paixão por ajudar os outros, por melhorar a si mesma, ou por salvar o mundo. Quer dizer, na verdade, que a pessoa dhármica não foge de situações emocionalmente confusas.

Logo depois de apresentar essa palavra, Trungpa Rinpoche falou sobre tédio. A gente está sempre tentando evitar o tédio, né? Pode ser que, ao chegar em casa, você ligue a TV ou coloque alguma música só para se distrair enquanto está terminando de chegar. Esse tempo de transição é o que mata! Ou então, quando está esperando um ônibus ou trem, você imediatamente pegue seu celular, esse dispositivo engenhoso que pode enganar o tédio por meio de vários fatores: jogos, internet, mensagens de amigos e muito mais. Por intermédio da tecnologia e de outros meios, a gente virou especialista em evitar o tédio.

Muito antes do smartphone, Trungpa Rinpoche apontou essa nossa tendência a tentar resolver o que ele chamou de "nosso problema do tédio". Ele introduziu o termo *impassibilidade* para demonstrar que a gente é capaz de vivenciar o tédio e as outras emoções sem se afogar nelas e sem ser fisgado. A gente pode simplesmente ficar presente com o que quer que aconteça. Você não precisa agir para tentar fazer alguma coisa toda vez que se sente desconfortável. Quando você estiver em uma situação difícil, por exemplo, não precisa tentar deixar tudo perfeito. Você pode simplesmente relaxar com o desconforto. Essa habilidade de ficar com as questões emocionais é a impassibilidade, uma das qualidades da pessoa dhármica.

CONTENTAMENTO

A segunda qualidade que você pode cultivar a fim de se tornar uma pessoa dhármica é o contentamento. Para resumir, essa qualidade se trata de aceitar quem você é e ter uma fé infinita na sua própria bondade, o que te leva à compreensão de que, pensando bem, está tudo certo com você. Ela surge a partir da qualidade anterior, que te fez perceber que você não precisa fazer ou consertar nada. O contentamento vive neste exato momento.

Trungpa Rinpoche desenvolveu essa ideia dizendo que você não precisa se expandir. Você não precisa mudar nada a respeito de quem você é. Você pode relaxar e ser você. Esse é o verdadeiro significado de ser uma pessoa dhármica. Quando os obstáculos surgirem – e eles sempre surgem –, você não precisa surtar e tentar deixar tudo direitinho outra vez. Você pode se aproximar de uma situação sem um julgamento sobre o que "precisa" acontecer e, em vez disso, simplesmente ficar presente com o que está acontecendo, o que te permite responder de forma mais hábil. Trungpa Rinpoche comentou sobre esse tipo de cenário quando disse: "É possível apreciar os obstáculos se tornando a simplicidade".[9] Em outras palavras, quando você tem esse senso de abertura e encontra obstáculos, as coisas se tornam simples. A gente não precisa complicar acrescentando o que a gente acha que precisa ou deveria acontecer. A gente pode encarar todas as coisas com um senso de apreciação pelo que elas são – e enxergar isso tudo como parte do nosso caminho.

---

9 Chögyam Trungpa Rinpoche, *The Collected Works of Chögyam Trungpa*, vol. 2 (Boston: Shambhala Publications, 2004), 486.

PREVENIR O EXCESSO DE ATIVIDADES

A terceira qualidade para ser uma pessoa dhármica é muito interessante: é a ideia de que a gente não precisa se entulhar com um monte de coisa para fazer. A gente pode simplificar as nossas vidas através de nosso corpo, da nossa fala e da nossa mente.

Para aprofundar isso, a gente pode tentar ter algum discernimento em relação ao nosso corpo e às nossas atividades: elas são necessárias, boas, úteis, oportunas? Se não forem, provavelmente a gente não precisa fazer. Isso quer dizer que, se você possui o hábito de fazer certas coisas que sugam sua energia, você deveria simplesmente cortar essas atividades. Se você tem tendência a beber demais e isso te leva a ficar um dia inteiro (ou metade dele) de ressaca, talvez você devesse diminuir a quantidade de bebida. Se você tem um vício em comprar coisas pela internet e fica continuamente extrapolando o limite da sua conta, talvez você devesse passar menos tempo nesses sites. Embora seja fácil falar, na realidade é bem difícil quebrar esses padrões de hábitos negativos. Ir além das atividades negativas das coisas que a gente faz é algo que demanda tempo e energia. Quando Trungpa Rinpoche diz que a gente deveria tomar cuidado com o excesso de atividades, ele está apontando para essa ideia de simplificar nossas vidas pelo exercício do nosso discernimento em relação às coisas que fazemos.

Em seguida, ele comentou sobre o elemento da fala na prevenção do excesso de atividades, o que inclui diminuir nossas conversas não-funcionais. Alguns dos melhores momentos da minha vida foram em retiros de silêncio – e, eu tenho de dizer, calar a boca por dias ou semanas é uma experiência reveladora. Você percebe o quanto costuma falar sem noção nenhuma de funcionalidade. Normalmente, quando a gente encontra alguém, a gente vomita verbalmente todo o nosso lixo emocional em cima da pessoa, sugando a energia dela – o que talvez traga uma sensação de catarse, mas também não faz a gente se sentir muito bem.

A gente pode prevenir o excesso de atividades na nossa fala. Isso significa escolher as palavras cuidadosamente e falar sobre assuntos que sejam importantes para nós. Se você está saindo com um amigo e quer colocar o assunto em dia, por favor, comunique-se! Mas comunique o que importa, em vez de fofocas, difamações ou discursos prejudiciais. Diga o que você quer dizer, sem acrescentar as bobagens sem filtro que a maioria de nós oferece como meio de conexão.

Em relação ao elemento da mente, prevenir o excesso de

atividades significa diminuir o entretenimento mental. Como você provavelmente percebeu durante as suas sessões de meditação, a mente normalmente fica esvoaçando por aí como um beija-flor. A gente pensa a respeito de todas as coisas de que precisa. "Será que eu preciso de um iPad para o trabalho? Talvez eu precise transar, para dar uma relaxada. Ou então comprar uns sapatos novos – isso faria minha vida mais fácil." A mente vai de um lado para o outro, eternamente procurando a felicidade.

No mundo de hoje, sempre tem alguma coisa nova para fazer. A gente tem a internet e, com ela, possibilidades infinitas de coisas que a gente poderia estar fazendo no lugar da coisa que a gente está fazendo agora. O resultado disso é que a gente se perde em todas as coisas que pode fazer, dizer e pensar – e não faz nada direito, com nossa atenção total. A pessoa dhármica enxerga além disso e reduz suas atividades a fim de deixar espaço para as coisas que importam.

BOA CONDUTA

Eu acho que a quarta qualidade de uma pessoa dhármica não precisaria nem ser dita, mas, se você quer incorporar os ensinamentos do Buda, precisa ter uma boa conduta. Eu sei que, ao usar esse termo "boa conduta", eu poderia acabar compilando uma lista de certo e errado em relação ao que uma pessoa deveria ou não fazer para se tornar dhármica. Essa não é a questão. Se o objetivo da prática de meditação é ser você mesmo, então cabe a você determinar o que é uma boa conduta.

A ideia geral da boa conduta, conforme Trungpa Rinpoche apontou em seguida, é que você precisa ter disposição para trabalhar sobre si e, também, para beneficiar os outros. Esses são os dois fatores principais – os detalhes, eu deixo para você. Tanto o trabalho sobre si quanto o trabalho pelos outros são coisas que a gente demora a entender, então não fique esperando se sentir totalmente ajustado para começar a ter uma boa conduta. Se a sua intenção é ajudar os outros, mas ao longo do caminho você comete um ou outro erro, não é o fim do mundo. Você pode aprender com essas situações e ter a intenção de não repetir os seus erros. Conforme o tempo for passando, você vai se aprimorar na arte de beneficiar os outros. O essencial aqui é enxergar o que quer que você esteja fazendo como se fosse uma continuação da sua prática meditativa, no sentido de cultivar a atenção plena e a consciência. Se fizer isso, você sempre vai conseguir melhorar a sua situação – e a dos outros também.

CONSCIÊNCIA DO PROFESSOR

A quinta qualidade da pessoa dhármica é ter consciência de um professor. Para praticantes budistas avançados que têm um professor com o qual trabalham regularmente, esse trecho da lista tradicional da linhagem Kagyu significa que eles deveriam sempre manter essa pessoa em suas mentes, de alguma forma. Para praticantes mais iniciantes de meditação, isso quer dizer que você deveria estabelecer alguma relação com um professor, ou com pessoas que tenham concretizado os efeitos da prática (ou com ambos), que te inspire a continuar a praticar as outras qualidades de uma pessoa dhármica.

Na verdade, este ponto é bem importante e eu não quero passar batido por ele. Para quem está tentando estabelecer uma prática de meditação, os livros e as sessões individuais em casa são coisas ótimas. Mas ter uma comunidade para apoiar esse empenho é algo que ajuda. Portanto, vale a pena explorar comunidades budistas ou de meditação que existam perto de você. Se não sabe por onde começar, a internet pode ajudar – ou, então, você pode falar comigo. A beleza de ser um meditante hoje em dia é que dentro de uma mesma cidade existem milhões de boas comunidades de meditação fazendo o que você quer fazer. Então se enturme com elas e sinta esse tipo de apoio.

Além disso, se você se conectar com um professor ou instrutor de meditação nesse local, tente estabelecer uma relação com ele ou ela. Você não precisa colocar a pessoa em um pedestal e começar a se prostrar em adoração, mas, caso você encontre alguém nesses centros budistas que aja da forma que você deveria agir, tente passar algum tempo com ele ou ela. Pode ser que isso sirva de inspiração.

PROPAGANDO PRAJNA

Prajna é uma palavra em sânscrito que pode ser traduzida como "conhecimento superior": é o ato de enxergar as coisas como elas são. É parar de pensar só no que te deixaria feliz, ou em como você acha que as coisas deveriam ser, e simplesmente ficar com o que é. É, também, a ideia de que você deveria compreender quem é.

Nesse sentido, você pode se orgulhar em aprofundar sua compreensão desses ensinamentos. Você pode utilizar o dharma para se explorar ainda mais – e também para explorar o seu mundo. Prajna não é só se sentar na almofada e ver o que está rolando com a sua mente hoje – é também se relacionar com as situações pós-meditação (conversas ou refeições, por exemplo) como oportunidades para ser uma pessoa dhármica. Cada uma dessas situações é uma oportunidade para você enxergar ainda mais as coisas como elas são. Cada um desses períodos é um momento no qual você pode deixar sua mente de julgamento do lado de fora, parar de pensar apenas sobre si e simplesmente se debruçar sobre o que de fato está acontecendo. Quando você faz isso, você não está "dando um tempo" de coisa alguma – a sua vida está permeada pelo dharma.

ATITUDE DE BONDADE

A última qualidade da pessoa dhármica é que o seu próprio ser se torna permeado por uma atitude de bondade. Mas, como eu já falei, não é como se você tivesse magicamente se transformado em uma pessoa melhor só porque começou a meditar. Você simplesmente se sente mais você. Você é um você que está consciente tanto da sanidade quanto da insanidade que habitam dentro da sua mente – e é capaz de acomodar as duas coisas de forma equânime.

Quanto mais familiaridade você tiver consigo, mais confortável se sentirá em manifestar sua própria bondade. Você já teve a experiência dessa bondade, tanto nas suas práticas meditativas quanto nas suas reflexões pós-meditação. Mas uma coisa é você saber que tem essa bondade básica, e outra coisa é compartilhar sua experiência disso. Isso não quer dizer que você deve sair por aí tentando converter os outros, dizendo que você encontrou a meditação e que eles vão se sentir melhor depois de seguir os seus passos. O que isso quer dizer é que você pode expressar, de forma sutil, sua própria confiança em quem você é – para isso basta ser uma pessoa gentil e decente.

De certa forma, todas as sete qualidades de uma pessoa dhármica poderiam ser resumidas assim: apenas seja uma pessoa decente e gentil, por conta do fato de que você tem mais atenção e mais consciência do que teria se não meditasse. Se você for capaz de fazer isso, então os ensinamentos do Buda – o dharma – não vão mais ser algo distante, que te separa da sua vida. Eles são parte do seu próprio ser. Quando você sentir que enxerga o mundo através das lentes da meditação, manifestando essas qualidades básicas, você vai saber que é uma pessoa dhármica. Você permitiu que a prática da meditação te transformasse, não em uma pessoa diferente, mas a um estado de maior compreensão de quem você já é.

SENTAR TIPO BUDA

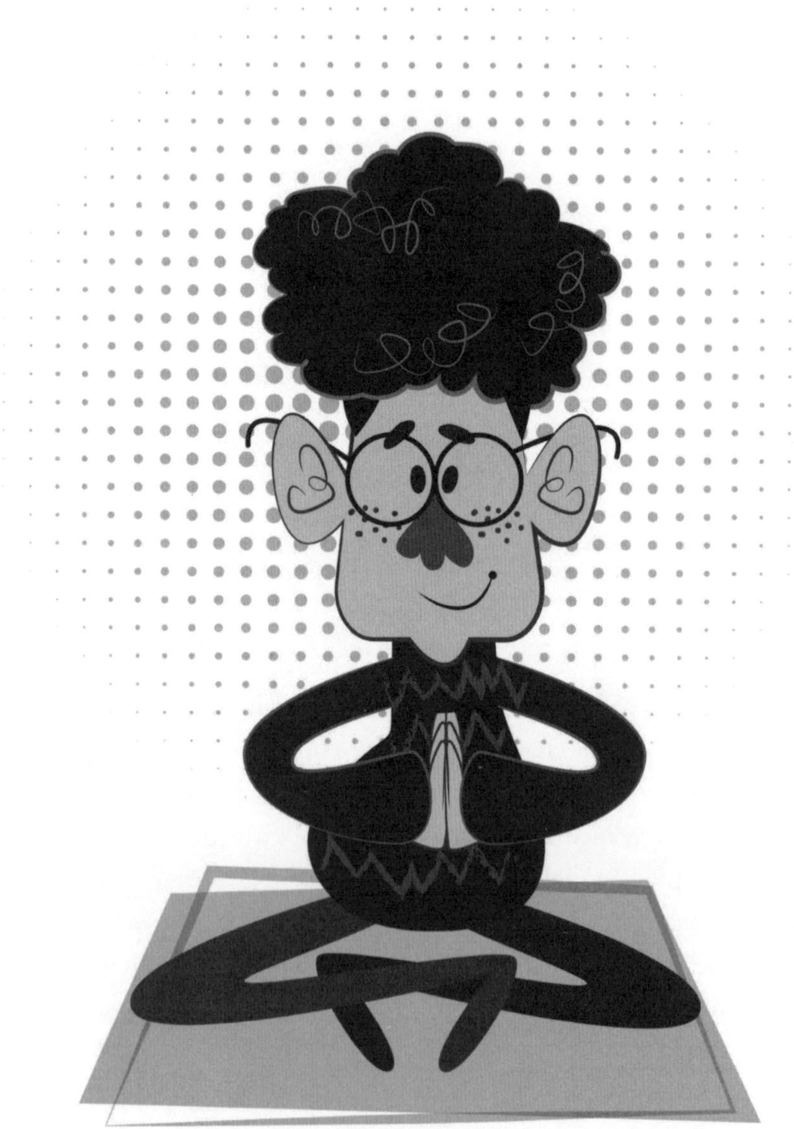

10º PASSO:
RELAXE

Conforme a gente vai chegando ao fim do nosso tempo junto, eu quero dizer que acho que a gente cobriu basicamente tudo do que você precisa para engatar em uma prática de meditação. Espero que você tenha uma noção da sua intenção pessoal para querer meditar. Além disso, você sabe a técnica exata que pode praticar diariamente. Você sabe o que é atenção plena, o que é consciência – e sabe como esses aspectos inatos da sua experiência podem ajudar a sua prática. Eu espero que você tenha conseguido estabelecer uma certa consistência em relação a horário, lugar e duração da sua prática a cada semana.

Você também tem uma compreensão das coisas que podem surgir durante a meditação. Você sabe que não é fácil e que, enquanto segue esse caminho, é preciso se lembrar o tempo todo de ser gentil consigo. A gentileza é uma qualidade importante e fundamental de se cultivar, conforme você aprende a lidar com os principais obstáculos que surgem na prática: a preguiça, a correria atarefada e o desânimo. Quanto mais consistente for a sua prática, mais você vai ver como funciona a sua mente habitual, com sua imensa manifestação de emoções, mais vai descobrir seu estado pacífico natural e conseguir agir a partir de um lugar de bondade.

Nesse ponto você vai passar por uma transição: sua prática na almofada de meditação deixa de ser uma coisa que você faz em casa e se torna algo que você incorpora no restante da sua vida. Você vira uma pessoa dhármica, incorporando as sete qualidades do capítulo anterior para manifestar sua mentalidade meditativa. Agora tudo está pronto para o passo mais difícil, o último na sua jornada para ter uma prática de meditação: você precisa relaxar.

Esse passo é mais fácil de falar do que de fazer. Nós somos tão tensos! Eu moro em Nova York, como já disse, e por aqui eu vejo muitos jovens ambiciosos. Vários deles têm por objetivo um diploma universitário e se deparam com um ambiente fortemente competitivo. Teve uma época em que, se você tirasse notas boas na escola, conseguiria entrar em uma boa universidade. Hoje em dia, meus amigos que têm filhos estão buscando vagas nas melhores creches, sabendo que isso leva aos melhores primários, em seguida aos melhores colégios, o que resulta em um ótimo diploma universitário – o que em meio a esta economia, francamente, não é nenhuma garantia de conseguir um ótimo emprego. E, no entanto, em vez de relaxar e ver como esse sistema é ridículo, as pessoas estão comprando cartazes de pré-vestibular para seus bebês. Eu não consigo deixar de pensar que, embora eu ache alguns de meus amigos bem tensos, daqui a alguns anos os filhos deles vão ser verdadeiras bolas de estresse ambulantes.

Essa ideia de ter de ser "bem-sucedido" domina os pensamentos da maioria de nós. A gente acredita que precisa do melhor emprego possível e, ao ganhar aquela promoção para o cargo dos sonhos, na verdade já está de olho em outro, com um salário maior. Até que a gente se diverte a sós, mas não seria legal ter uma esposa ou marido que fosse uma pessoa realmente linda, divertida e esperta? Talvez fosse uma boa ideia testar um milhão de sites de relacionamento, ir a milhares de bares, para escolher "a" pessoa perfeita e finalmente ter sucesso no amor. A gente pode enriquecer e usar todo esse dinheiro para comprar coisas legais e, no entanto, essas coisas legais sempre quebram – ou então elas acabam nos entediando. Mas ter essas coisas significa que a gente é "um sucesso", né? Isso tudo pode parecer um pouco vazio para você. Para mim com certeza parece.

Meu chute é que, quando você comprou este livro, talvez

pensasse que ele iria te ajudar a ter sucesso na meditação. O truque, claro, é que a única coisa na qual você acaba tendo sucesso é em ser mais você. Você está simplesmente aprendendo a relaxar com quem já é, relaxar com o que quer que surja na almofada de meditação e, quando se levanta da prática, a relaxar tanto com os aspectos prazerosos quanto com os aspectos dolorosos da sua vida. Em um contexto meditativo, é isso que "sucesso" significa. Em outras palavras, não vamos tensionar por aqui. Se você começou a meditar para aprender a relaxar, é bom ter certeza de que você não está usando isso como mais uma coisa com a qual se preocupar.

Uma maneira de enxergar este último passo da sua jornada é pensar que você precisa abandonar seu apego ao esforço. Pode ser que isso soe como uma acusação estranha, mas eu acredito piamente que a gente tem o hábito de tornar as coisas mais difíceis do que o necessário. Quando você medita, é especialmente fácil pegar essa prática absurdamente simples e tentar complicar. Tudo o que você precisa fazer é ficar com a respiração. Quão simples é isso?

Às vezes eu me encontro com novos meditantes, enquanto eles começam a estabelecer uma prática, e sempre me surpreendo em ver como eles tentam complicar a meditação. Enquanto eles transitam entre verificar se os olhos estão fazendo o que deveriam estar fazendo, achar que têm uma respiração anormal e sentir que estão correndo o risco de sair do corpo se meditarem, eu me sento e ouço o que quer que esteja surgindo. Ao mesmo tempo, eu me lembro do que os meus professores diziam quando eu era iniciante e me preocupava demais com a minha prática. Eles diziam: "Continue a se sentar". É isso. Normalmente eu tento ser um pouco mais verborrágico e apoiar as pessoas que eu encontro. Se eu tiver feito um bom trabalho, ao fim elas me olham e dizem: "Então parece que eu simplesmente tenho que seguir praticando". Isso mesmo. Se você continuar praticando, o relaxamento vai afastar essa ideia de que a meditação e os outros elementos da sua vida deveriam ser um esforço. Você pode só relaxar. Eu juro.

Eu tenho uma amiga que é bailarina. Quando eu perguntei a ela sobre a precisão inacreditável que eu vejo nas apresentações, ela me disse que isso é porque ela precisa aprender exaustivamente tudo o que tem de fazer e, quando chega a hora da apresentação, precisa conseguir relaxar. Eu me lembrei de um professor budista tibetano contando o que ele tinha descoberto sobre os pilotos de corrida: eles têm de ser muito precisos, mas se estiverem tensos vão acabar causando algum acidente. Em vez disso, eles só precisam saber o que estão fazendo e relaxar, e assim vão conseguir pilotar bem. Em ambas as situações, a ideia é saber o que você está fazendo – e relaxar enquanto estiver fazendo. Esse conselho pode ser aplicado às muitas formas de relaxamento que eu vou recomendar.

RELAXE COM O QUE QUER QUE SURJA NA ALMOFADA DE MEDITAÇÃO

A base para aprender a relaxar é o tempo que você passa na almofada de meditação. Sim, "continue a praticar" é basicamente o melhor conselho para qualquer pessoa em seu primeiro ano de meditação. No entanto, na minha experiência, o segundo melhor conselho é manter um senso de humor e prazer enquanto pratica. Isso tem a ver com a nossa conversa sobre gentileza, mas agora a gente está acrescentando uma certa diversão em cima dessa gentileza consigo. Quando, em vez de voltar para a respiração, você estiver fantasiando sobre transar com aquela mesma pessoa pela milésima vez, você pode ficar frustrado consigo ou então perceber que isso é uma bobagem e dar umas boas risadas. Tenha senso de humor em relação à sua mente louca de beija-flor. Se conseguir rir das suas experiências mentais, você vai viver o melhor do relaxamento.

RELAXE COM OS ELEMENTOS PRAZEROSOS E DOLOROSOS NA SUA VIDA

Não importa se a vida te dá limões ou uma limonada, relaxe e aprecie cada situação. Em outras palavras: às vezes as coisas vão ser maravilhosas – você está contente, tem ótimos amigos, uma esposa ou marido que te apoia, adora o seu trabalho, sente que ele ajuda as pessoas, e a vida em geral parece boa. Aprecie isso pelo que é. Não sinta que precisa "consertar" alguma coisa. Relaxe com a sua experiência de contentamento.

Outras vezes a sua vida vai parecer muito dura: alguém que você ama morre, você perde o emprego e teme pela sua segurança financeira, seu parceiro ou parceira termina o relacionamento de forma inesperada. Você sente que o mundo acabou e quer parar de meditar para poder surtar. Em primeiro lugar, não pare de meditar. No mínimo, isso vai servir para te manter presente com a sua experiência emocional e te ajudar a se familiarizar com ela. Em segundo lugar, relaxe. Você não precisa "consertar" nada – assim como não precisou quando tudo estava indo superbem. Relaxe com a sua experiência de tristeza ou de decepção. A gente pode relaxar com o que quer que surja. Essa é a beleza da sua prática de meditação aparecendo no resto da sua vida: o que quer que aconteça é parte do seu caminho.

RELAXE COM
QUEM VOCÊ JÁ É

Se eu posso dar um último conselho: relaxe com quem você é. Em essência, esse é o caminho budista como um todo. Se você conseguir aprender a relaxar não só na almofada, mas também quando estiver navegando pelo resto da sua vida, você vai se conectar com todos os muitos aspectos de quem você é. E cada um desses aspectos, seja ele aterrorizante e maluco ou hilário e saudável, é simplesmente uma parte da sua existência como um todo. Se você conseguir enxergar isso, vai compreender que já é algo sagrado. Então, por que não relaxar com a convicção da sua própria sacralidade?

O caminho da meditação é um treinamento de existência. Quando eu te peço para relaxar com quem você já é, estou te pedindo para ser você. Você não precisa descobrir o que ser ou o que fazer para exibir mais de si. Não precisa lutar para descobrir como se comportar quando estiver em uma festa ou no trabalho. Você pode simplesmente ser você. Essa é a questão. A meditação é só uma ferramenta para deixar que você seja você: para trazer uma sensação de que você já é uma pessoa boa o suficiente, merecedora o suficiente, bondosa, forte e esperta o suficiente para lidar com o que quer que surja. Isso é seu direito. Portanto, aceite.

Eu espero que a prática da meditação seja tão útil e tão transformadora para você quanto foi para mim. Espero que, como resultado, você se torne uma pessoa mais gentil e mais autêntica. Espero que você tenha momentos em que perceba como já é uma boa pessoa e que esses momentos fortaleçam sua habilidade de lidar com o que quer que surja na sua vida. Eu comecei com essa história de ser escritor porque pensei que, se pelo menos uma pessoa pegar o meu livro e começar a meditar, eu já me sentiria bem-sucedido. Eu confio nessa técnica simples e no poder dessa simplicidade. Porque, se você for essa pessoa que começa a meditar e se transforma pela prática, eu tenho certeza de que você vai fazer coisas incríveis. Este mundo precisa de pessoas que estejam trabalhando para se tornar mais autoconscientes e gentis. Precisamos de cem milhões dessas pessoas. Mas vamos começar com você. Por favor, se junte a mim e mantenha uma prática regular de meditação. Eu estou aqui para o que você precisar, nós podemos fazer isso. Juntos.

SENTAR TIPO BUDA

RECURSOS

OUTRAS LEITURAS

- *Budismo na Mesa de Bar*, de Lodro Rinzler. Meu primeiro livro.

- *Fazer da mente uma aliada*, de Sakyong Mipham Rinpoche. Meu livro de cabeceira sobre a técnica de meditação.

- *The Shambhala Principle*, de Sakyong Mipham Rinpoche. Um belo tratado sobre como levar a bondade básica para a sociedade.

- *Trabalho, sexo, dinheiro: O sagrado na nossa vida diária e o caminho da atenção plena*, Chögyam Trungpa Rinpoche. Uma exposição ótima sobre o ponto de contato entre a vida diária e a meditação.

- *Shambhala: A trilha sagrada do guerreiro*, Chögyam Trungpa Rinpoche. Um texto fundamental do budismo Shambhala.

- *Governe seu mundo,* Sakyong Mipham Rinpoche. Um ótimo livro em geral, mas uma excelente explicação sobre as Seis Formas de Reinar.

- *Only Don't Know*, Mestre Zen Seung Sahn. Cartas enviadas a um mestre zen – e suas respostas.

- *As 37 práticas do bodhisattva*, Ngulchu Thogme. Cada prática merece pelo menos um dia de contemplação.
- *Lovingkindness*, Sharon Salzberg. O primeiro passo sempre vai ser oferecer amor a si mesmo.
- *Comfortable with Uncertainty*, Pema Chödrön. Um compilado de ensinamentos de Pema Chödrön, com capítulos curtos o suficiente para ler alguns minutos antes de dormir.
- *A beleza da vida*, Pema Chödrön. Uma exploração incrível sobre como viver com beleza.
- *The Wisdom of a Broken Heart*, Susan Piver. Uma leitura excelente para quem estiver se sentindo com o coração partido.
- *Equilíbrio no trabalho*, Michael Carroll. Ele passou décadas aplicando os princípios da meditação ao ambiente de trabalho – uma ótima leitura.
- *A Guide to the Bodhisattva's Way of Life* (também conhecido como *O Caminho do Bodhisattva*), Shantideva. Um texto essencial do caminho Mahayana.
- *One City: A Declaration of Interdependence*, Ethan Nichtern. Um explanação da interconexão.

SITES

- *www.lodrorinzler.com* Meu site pessoal, com ensinamentos em texto, áudio e vídeo. Também tem alguns links para o trabalho que eu faço com treinamentos de liderança autêntica.
- *www.shambhala.org* Ensinamentos e recursos para apoiar a sua prática de meditação, incluindo uma lista de centros Shambhala aonde você pode ir para receber ensinamentos presenciais.

CONTATO

E-mail: info@lodrorinzler.com

Twitter: @lodrorinzler

Facebook: Lodro Rinzler

Bat-Sinal: Um *L* gigante tá bom.

Que todos os seres
sejam beneficiados

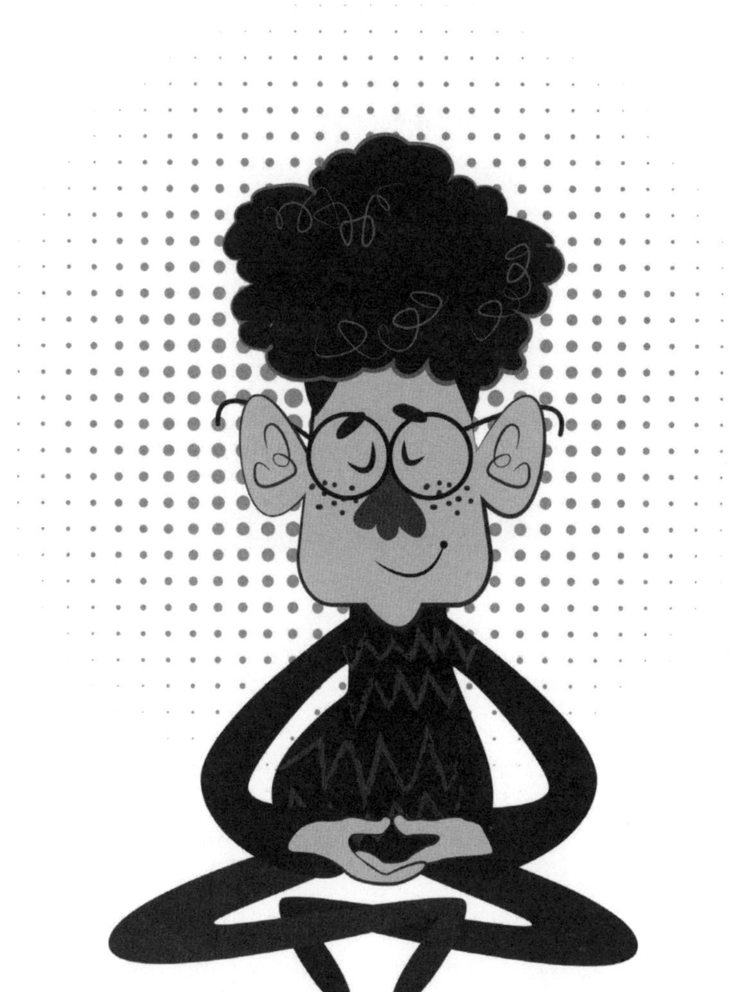

O selo eureciclo faz a compensação ambiental das embalagens usadas pela Editora Lúcida Letra.

Este livro foi diagramado por Mariana Erthal (www.eehdesign.com), com as fontes Garamond Premier Pro e Acumin Pro Condensed, e impresso na gráfica da Editora Vozes, em dezembro de 2020.